91歳5か月

いま想うあの人 あのこと

岸 惠子
Kishi Keiko

幻冬舎

91歳5か月

いま想うあの人　あのこと

目次

「べコ」という女性

その女性を「べコ」と呼んでいた。彼女の苗字、阿部のべにコを付けたのだろう。
そう呼び習わしたのは彼女自身だったのか、私であったのか憶《おぼ》えていない。
いつ頃出会ったのか、何がきっかけになったのかも分からない。遠い昔のことである。
ぼんやりと思うのは私も彼女も越路吹雪の大ファンだった。
「宝塚歌劇」の観客席で会ったのか、越路吹雪のリサイタルでの偶然だったのか、とにかく高校生だった私は「ベコ」と呼ばれる女性に得も言われぬ魅力を感じていた。

彼女は私より四歳少々年上で、昭和初期、多分三年の生まれ。津田塾大学を出て既に外資系の高名な会社で秘書をしていた。会社での会話はすべて英語だとのこと。私より十センチぐらい背が低く小柄だったが存在そのものがエレガントで美しかった。

平凡ともいえる顔が、巧みな話術と知的なユーモアで輝いていたし、それを伴奏する細く長い指の動きが妙に魅惑的だった。

「物語を書く人になりたいの」と言っていた私が、ひょんなことから映画の世界に入った時、ベコを名乗る彼女がひどく驚いた。

「映画？」

怪訝《けげん》な顔をしたあと、思いついたというように言った。

「そういうことなら……物語は私に書けばいいわ」

「ベコに？　手紙のかたちで？」

「日記のかたちでもいい。映画という世界では思わぬことが起こると思うのよ。そうして出会ったこと、出会った人、驚いたことや感動したことなどを書くのよ」

私はこの提案が素晴らしいと思った。

日記とまではいかなかったが、学生の身分から、急に女優という立場になって感じた不思議や、喜びや、違和感をせっせと書いた。

彼女も私に尋常とは思われない興味を持ってくれて、不慣れな立場での面談の場面や、撮影所にも足しげく来てくれた。

私は彼女に「一心同体」のようなものを感じていた。

「研究生」という身分だった私に、ギャラはなく、一か月に四千五百円の研究費が支払われていた。コーヒーが一杯約五十円、娯楽と言えば映画とラジオしかなかった時代に、私は四、五か月も経《た》たない、あっけないほど短い時間で「スター」というものになった。

映画雑誌の人気投票で三位になっても、研究生という身分は変わらなかった。私にギャラというモノが支払われたのがいつのことだったのか、何の映画だったのかさえ憶えていない。当時、主役にも主役に近い脇役にも支払われていた一作品五十万円には程遠い額だったが、やっと女優になれたのかな、と嬉《うれ》しかった。

けれど、街に出れば人に囲まれ、身体を触られたり、サインを求められたりすることに、自分が壊されてゆくような心細さが募った。家には毎日、リアカーに山積みされたファンレターが届いた。

時代的に娯楽のない世界で私は身分不相応な、「スター扱い」に妙な居心地の悪さを感じていった。その心模様をすべてベコという尊敬する彼女に書き送っていた。時には胸をときめかせた相手役の様子まで書き連ねた。それは私という一人の少女のウソのない物語だった。

その頃大量のファンレターを整理したり、返信を書き送ってくれていた、ミサコさんという私より年上の隣家のお嬢さんに、ベコへの手紙を書き写してもらっていた。それは三つの分厚い束となってかなり長いこと、書棚の引き出しに大事に仕舞ってあった。

ベコは会社が退《ひ》けると撮影所や私のいる所へいそいそと来てくれた。彼女の存在は私に安心感と自信を齎《もたら》してくれた。何も隠す必要のない親友に恵まれて、私は自分を果報者と思った。

一九五五年五月、東南アジア映画祭に出品した松竹の『亡命記』という映画で、最優秀主演女優賞を得た私を訪ねて世界の巨匠、デヴィッド・リーン監督が作家のリチャード・メイソン氏をともなって、来日した。次回作、『風は知らない』の主演女優を務めてほしいと、横浜の我が家まで来てくださった。その丸二日間はすべてベコが通訳をしてくれた。私は彼女の英語に聞き惚《ほ》れていた。

その私の顔を覗《のぞ》き込んで茶目っ気たっぷりにリーン監督が言った。

「ケイコ。あなたは素晴らしい友達に頼ってばかりいないで、自分でも英語を話してみてください。例えば我々がどう入るのか分からなかった日本の風変わりなお風呂のことについて……」

このちょっとした事件はその後我が家の語り草になった。

当時我が家のお風呂は「五右衛門風呂《ごえもんぶろ》」だった。

何の説明もなく、湯気の渦巻く板の浮いた大きな石窯の前で立ちつくした二人の著名な映画人が戸惑うのも当然。うかつだったこの非礼を、ベコに頼らず説明しようと思った。けれど、慌てふためいた私は、健気《けなげ》にも、事の起こりから始めてしまった。

昔、石川五右衛門という大泥棒がいて……となけなしの英語で必死になって五右衛門風呂の由来を物語った。私の奇妙奇天烈な英語に二人の英国紳士は声を上げて笑った。

この詳細は『岸惠子自伝』に書いた。その百ページに掲げた、浴衣姿のリーン監督、メイソン氏と私の写真を撮ったのは、片時も離れなかったベコだった。

私が僅かなギャラを貰《もら》っていた時期、マネージャーも自家用車もなく、私とベコはよく横須賀線に乗って様々なおしゃべりをした。ベコは私についてすべてを知りたがった。

「スターとなったあなたに付き人をしてくれているエコちゃん（栄子ちゃん）に月給いくら上げているの？」

吊革につかまって揺れている私は、ベコに笑って応えた。額は忘れたが、当時の事情を考えて五万円くらいだったか……。ギャラの三分の一だったと思う。

エコちゃんとの突飛な邂逅《かいこう》は上野駅だった。軽井沢ロケに行く電車は混んでいて、私は人に揉《も》まれて息苦しかった。ホームの向かい側の電車も大入り満員だった。当時の電車はいつも満員だったように思う。

人が鈴なりになったその一つの窓を必死に跨《また》いで、ハイティーンにも満たない可愛《かわい》い女の子がいきなり窓から飛び降り、ホームを駆《か》け抜け私に向かって走ってきた。

「岸惠子さん！　一人ですか？」と訊《き》きながら、こちらの電車の窓を這《は》い上がって乗り込んできた。

「私……付き人になります」エコちゃんはそのまま混みあった電車で私にしがみ付いてロケに来たのだった。

エコちゃんの存在は可愛らしく健気で、横浜の実家の両親も快く一部屋を彼女用に飾り付けてくれた。そんな生活の中で、いつも私に影響を与えていた『ベコ』という存在にエコちゃんは時折不審の目を向けた。

「あの人、ちょっとヘンだと思う」

表情を暗くして言った。

「私の大事な友達なの」と私は答えた。

エコちゃんはカクンと頷《うなず》いて黙った。


リーン監督の依頼で私は、ちょっとはましな英語を話せるように、ロンドンへ飛んだ。

羽田空港は、大晦日の紅色に染まる入陽を受けて、二十二歳の私の胸は夢のような感慨に満たされた。羽田を発《た》ち、南回航路でインド、パキスタンなど七つの国の初日の出も見た。一泊するパリへ到着するのに五十時間もかかり、着いたパリは翌年お正月の二日。シャンゼリゼ通りのはるか向こうに凱旋門《がいせんもん》がぼたん雪にけむっていた。

ロンドンに着いた私は、ホテルではなく、リーン監督と一緒に横浜に来てくれたリチャード・メイソン夫妻の、寄宿舎に入っている子供さんの部屋にあたたかく迎え入れられた。学校などには行かず、毎日のように「オールド・ヴィック」やその他の劇場へシェイクスピアの芝居を観《み》に行った。ポール・スコフィールドという素敵な俳優やリチャード・バートン！　劇場に響き渡る名台詞、名演技に私は魂を抜かれたように酔いしれた。

素敵な状況のなかで英語に取り組む私は、時折後ろの首筋辺りに強い視線を感じた。

「私を見ているあの人誰？」

ひっそりとメイソン夫人に訊いた。

「『情熱の友』で主演を務めたアン・トッドよ。デヴィッド・リーンが日本から帰って、あまりにもあなたを褒めちぎるので、気になっているのかも知れない。彼女はリーン監督の奥さんなのよ」

と彼女は答えた。

『情熱の友』は観ていたし、アン・トッドもステキだったので、私は、自身の生活舞台が異様にせり上がっていると感じ、妙な気分になった。

メイソン夫妻はざっくばらんで親切だったし、奥様の料理が素晴らしかった。その上、分かり易く面白い方法で私の英語を上達させてくれた。

長い学校休みが終わって、お子さんが部屋に帰ってくることになり、私はレスターシャーという北部の学校の寄宿舎へ引っ越した。部屋の中にツララが下がるほど寒かった。

これらのことは、当然ながら面白おかしくベコに書き送っていた。

やがて、思わぬ事件で私は、フランスはパリへ移り、英語特訓からフランス語を習得することになった。『風は知らない』の世界的プロデューサー（アレクサンダー・コルダ）が急死され、映画製作が一時中止になったのだ。リーン監督は既にインドに渡りロケハン（現地調査）の最中。スタッフと私の嘆きは酷《ひど》いものだった。

私はそれまでは日本で「可愛い」と言われていた八重歯を、『風は知らない』のプロデューサー助手がまるでドラキュラのようだと言ったので、翌日スチール写真を撮るために、麻酔も使わずに根元から抜かれる憂き目に遭ったのに！

温厚そうな歯科医が、

「麻酔もなしで、よく堪えたねえ。泣かないでよく我慢したね」

と感心した。

（口をこじ開けて、野蛮なキカイで丈夫な歯をギコギコ切り裂かれているのに、声も涙も出るかよ！）と心の裡《うち》で叫んだ。

抜かれた八重歯のあとにドイツに特注した代わりの差し歯が入った時に製作の中止が決まり、私はプロデューサー助手をきつい眼で睨《にら》んだ。

けれど、若い時期には運命というか、それが大袈裟《おおげさ》なら、物事の進行があっという間に飛ぶように動いてゆく。傷心の私に松竹を通じて、フランスのイヴ・シァンピ監督から、次回作の主演を申し込まれたのだった。『亡命記』の私の演技が気に入ったから……と言われた。

イヴ・シァンピ監督の作品『英雄は疲れた（邦題＝悪の決算）』に感激していた私はすぐに承諾。ロンドンからパリへ、英語からフランス語へ引っ越しをしたのだった。


パリでもホテルではなく、ブローニュの森に近い、フェザンドリー通りの高齢貴族のお館に招かれた。このまたとない好運の理由は憶えていない。お屋敷にホームステイをしていた、山本喜美子さんという人と同居をすることになったのだった。

喜美子さんは高名な山本権兵衛海軍大将（その後、内閣総理大臣）のお孫さんであった。お育ちの良さと、生来と思われる明るさで私のフランス語習得に一役も二役も買ってくれた。これらの好運をベコは心から喜んでいてくれた。

そのベコから、会社を辞めて当時世間でもてはやされていた、ある劇団に入った、と便りを貰った時は驚いた。二、三日何も手に付かないほど違和感を覚えた。ベコが女優？　それまで持っていたベコに対する認識が不協和音を奏で続けた。

（あの人は女優には向いていない！）

新劇女優になったベコからの手紙が遠のいた。

ベコはなぜ人が羨むほどのキャリアを捨てて、「女優」になったんだろう。はじめから「女優」という職業への憧れがあったのだろうか？

物語を書く人になりたい、と言っていた私が、ひょんなことから映画界に入った時のベコの驚きようが思い出された。

彼女の提案通り、私はさながら日記を書くように、映画が私に齎《もたら》した喜びや不安、マスコミというものがつくる、まるでおとぎ話のようなうわついた美談や嘘《うそ》八百の物語に戸惑ったり、時には憤りをあっけないほど無防備に、そのまま書き送った私の手紙は、彼女に何を齎したのだろう……。

私は不思議なことに気が付いた。私からの一方的な便りに対して、ベコは自分についての何の情報もくれなかった。教養があって、知的で、会話の妙を作りだすステキな存在として私がただ憧れていたのだった。

（ベコ！　あなたは女優には向いていない）と私は思い続けた。

長かったイギリスとパリの語学勉強を終えて日本に帰った私を、ベコは大喜びで迎えてくれた。相変わらず私の話を聞くだけで、女優に変身した彼女自身の変貌には一言も触れなかった。不思議に思いながらも私はそうした一方的な語らいに慣れてしまっていた。

日仏合作映画『長崎の台風（邦題＝忘れえぬ慕情）』のロケが行われたのは、

正に原作通り長崎だった。長期ロケの最中に、ベコの劇団が長崎で公演をすることになった。

（ベコの舞台が観られる！）と喜んだ私の期待は叶《かな》わなかった。

その時、ダニエル・ダリュー扮する恋敵《こいがたき》に、小粋《こいき》な啖呵《たんか》を切る長いシーンの撮影で、四苦八苦する私に、ダニエル・ダリューがあざといほどの見事なフランス語の抑揚を教えてくれていた。

ベコの舞台へ私はせめてもの「差し入れ」を送った。主役には程遠いベコが、肩身の狭い思いをしないように、スタッフ一同に大盤振る舞いをしたのだった。

その行為についてベコからは、何の便りもなかった。（余計なことをしたかな？）という思いはあった。

月日が経ち、私は『長崎の台風』の演出家、イヴ・シァンピ監督に恋し、日本を去ることになった。

　ベコが猛烈な勢いで反対した。

「あなたのように、何もかも恵まれすぎて苦労なしの人が、誰も知らないフランスへ？」

「フランスへ嫁ぐんじゃない。イヴ・シァンピ監督と生きるのよ」

「どういう生活が待っているか分からないじゃない。例えば……あなたが付き人に払っている五万円ぐらいしか稼ぎのない人だったらどうするの？」

　ベコらしくない言い分に私は笑った。

「彼は世界的に著名な音楽一家の一人息子だし、だいいち、『地球の上は日本という平穏な島国だけじゃない。アフリカを見せたい、世界中を見せてあげたい。それを見た挙句にやっぱり日本がいい、と思ったら帰ってくればいい』とまで言ってくれるのよ」

「日記は送り続けてね」と言ったベコの不可思議な表情の翳《かげ》りを忘れることは出来ない。

当時、貧しかった極東の島国から、ポトンと落ちたフランスはパリ！　眩《まぶ》しかった。フランス革命に洗われた自由の気配、街の美しさ、文化の緻密さや知的な洒落《しやれ》、時にはあっと思うほど渋いが知恵の深い毒。

私はそれらをベコに書き送った。

「私は特に選《え》りすぐりの上流家庭に紛れ込んだのかも知れない。戸惑いや恥をかくこともあるけれど……例えばあなたが意地悪っぽく言った『付き人の月給にも満たない、生活』がほんとになったとしても今の私は幸せ」というようなことを書き送ったのは憶えている。

月日が経った。一通の封書に私は愕然《がくぜん》とした。言葉では表せないショックに凍えた。
それは東京駐在の「ユニフランス」の日本人秘書からの通知だった。書き送った人は友人の妹さんで、便りは公式ではなく、憤激した彼女の個人的なものだった。当時（今もあるかも知れない）、有名なスキャンダル雑誌の一ページが、同封されていた。

阿部和歌子様
…………
…………

ベコ宛てに私が書いたとされる手紙であった。
あろうことか、私のパリでの生活が苦渋に満ちたものであること。「夫の収入が私が嘗《かつ》て付き人に支払っていた額と同じようなものであったとしても、今の私は幸せ……」と、電車の中でベコに話したことにダブらせて面白おかしく書いた内容だった。

パリで首相官邸の会食の締めに、振袖をからげて、バレエ風のレベランスをしながら、私が必死で覚えた酒屋の丁稚《でっち》の挨拶、パリゴーと言われる日雇い労働者風の下町言葉を嫣然《えんぜん》と笑いながら言ったことで、集まった一同が賑《にぎ》やかに笑いこけたことなどを綴《つづ》ったユーモアたっぷりの便りを、よくもここまで下品に書き曲げたもの、と思うほど酷いものだった。特におカネに困っている風に書き上げられていた。許せないことに、岸惠子と私の自筆サインまできっちりと載せていた。

何これッ！

私は直ちに、そのスキャンダル雑誌の、よく私に会いに来ていた記者に国際電話をした。名前は忘れたけれど顔はよく憶えていた。機転は利くけれど、人のいい、愛嬌《あいきょう》だけで頭がスキャンダル向けにしか働かない男だった。しかし、電話を受けたのはその男ではなく雑誌の編集長だった。

「あれは新橋のホームに落ちていた手紙を我が社流に纏《まと》めたものです」

「プライヴェートの手紙を無断で、嘘八百の脚色で使った行為は犯罪です！」

と私が言ったかどうか記憶はないが、ベコが私の手紙を落とすはずがない。

では、何がどうなったのか？

私は心底から凍えた。

この忌まわしい手紙事件が火付け役となって、私がパリの結婚生活に困窮して、ジャガイモの皮むき器の宣伝までして稼いでいる、という写真付きのデマゴギーが大出版社の発行している週刊誌にまで載った。愛する日本の偏狭さとマスコミの悪意に、私は深く傷ついた。

フランスには毎年、「発明コンクール」というものがあった。大々的な催しである。文化人、マスコミ関係者などで溢《あふ》れる劇場の司会者が発表したその年の最優秀作品が「ジャガイモの皮むき器」だったのである。トロフィーを渡すのは、その年大ヒットした映画の主役と決まっていた。

その作品が、イヴ・シァンピが演出し、私が主役を演じた『長崎の台風』だったのだ。派手な振袖を着た私は両手に「ジャガイモの皮むき器」を持って、並み居るカメラマンに向かってにっこり笑ったのである。

時代が変わった現在と違って、当時、貧しかった日本は、海外旅行が自由化しておらず、それを押し切って、祖国と両親と映画を去った私に対して、日本人は決してやさしくはなかった。

「火のないところに煙は立たぬ」

火のないところに、無理に火を焚《た》きつけたのはベコ？

ベコという私の学生時代からの憧れが、胸の中で雲散霧消して臭気を放った。

ベコからは何の便りもなかった。

そんなある日、東京ロケの仕事でベコの所属する劇団の女優さんと一緒になった。

「あなたの手紙、その都度ベコが回覧板にして、みんなで廻《まわ》し読みにして面白がっていたのよ」

「……えっ？　そんなこと、ベコがするわけない‼」

「得意がっていたわよ。でも、長崎公演の時、私たちみんなへ送ってくれた、あなたからの差し入れを彼女、ひどく憤慨して怒っていた。あなたへの憎しみは異常なほどだったわ」

私は身体が氷のように冷えてゆくのを感じた。余計なことをしたかな……と当時思ったものだった。「変な人」と言ったエコちゃんの言葉も思い出した。ベコにとって、私は何だったのか！　私への異常と思える関心は何だったのか……。

スキャンダル雑誌以来、当然のことながらベコとの音信は絶えていた。胸に重たい鉛を投げ込まれたほどの驚きで、息苦しい日々が続いたが、私はいつまでもめげてはいなかった。ベコへの思いにあっさりと終止符を打った。私は夫イヴ・シァンピと共に、アフリカへ、中東へと旅して変わっていった。アフリカ・セネガルの首都ダカールから小船で二十分のところに浮かぶ「ゴレ島」。今は世界遺産に登録されている島の中心にあった「奴隷の家」！　私が「残酷博物館」と呼んだ牢屋より酷い建物には、赤く塗られた階段があった。そこには十九世紀初頭まで、セネガル奥地で捕らえられた黒人が、階段の左右に男奴隷、女奴隷と品定めのために並べられて、女は鏡一枚、男は酒樽《さかだる》一個で売り飛ばされていた！

世界的に有名なセネガルの歌手、その頃はまだ少年だったユッスー・ンドゥールが澄んだ声に怒りを込めて歌っていた。

「人類最初の人間を大地に孕《はら》んだアフリカよ。ああ偉大で、ああかなしい奴隷産地のおれのアフリカ……」

私は東海の小さな島国の、平穏で苦労知らずの人間から、いきなり世界の現実を見た。二十六歳になっていた私は自分の中にまるでジャーナリズムの眼、のようなものが居座ってきたのを感じた。

メタモルフォーゼ？　ではないだろう。私は生来変幻自在のテーマを抱えている人間なのだろう、と思った。

それからどのくらいの月日が経っていただろうか。長年の沈黙を破ってベコから手紙が舞い込んだ。

「私、結婚することになりました。相手は音楽家の林光という人です。彼は、あなたと私は深い絆《きずな》で結ばれている親友だと信じています。それは真実です。その彼が今度パリへ行くことになり、ぜひあなたに逢《あ》いたいと言っています。どうぞ、彼の夢を壊さないでください」

彼の作曲した映画音楽、モスクワ国際映画祭で作曲賞を受賞した『裸の島』や数々の名作、彼は木下忠司、黛敏郎等の作曲家と並びたつ、素晴らしい芸術家だった。ベコらしいと腑《ふ》におちながら、肝心のパリでの邂逅に関しては私の記憶に影さえもない。

その彼にパリで会ったのか、会わなかったのか、今の私は憶えていない。苦々しい思い出を彷彿《ほうふつ》とさせる、この素晴らしい出会いを避けたのだろうか？

佳《よ》い過去も、そうではない過去も、無意識のうちに消滅させることの、私は天才的な技を持っていた。

学生時代から何十年もの時が流れ、人生の晩年を生き始めた私が、ふと唐突に『ベコ』という女性の不思議を思った。あなたは誰だったの？　あなたの私に関する興味は何だったの？

もし、少しでも彼女の中で後悔のようなわだかまりが残っていたとしたら、消してあげたいと思った。平穏のなかで残り少ない人生を生きてほしいと思った。これは私の傲慢さなのかも知れない。

私は必死で彼女を探した。

ところがどこを探しても、誰に訊いてもベコの住まいが分からない。結婚していたという高名な音楽家は既に亡く、諦めかけた私に、出版社にいた友人が粘り強くツテをたより、林光氏の事務所を今も維持しているという人物を探し当ててくれた。

ところがその人の言葉は、「彼女は今、施設にいます。最終段階の認知症で、あなたと再会しても分からないと思います」と淡々として素っ気ないものだった。

けれど、女優を諦めた彼女が一時期、アメリカへ渡って、ある慈善事業団体に身を挺《てい》していたことが解《わか》った。それこそがベコらしい生き方と思って、勝手に安堵《あんど》した。

その時からまたまた時は流れ、私は九十歳になった。

ベコはどうしているのだろう。心にやすらぎを湛《たた》えた日々を送ってくれていたらいい、と私は希《こいねが》った。ベコは、ベコなりに私への友情をまっとうしてくれていたのだと、今、思う。

時は容赦なく流れ、人の心はうつろい転じる。そのうつろいの中で、その人らしく変化するものを、「裏切り」と取ることも、「浄化する友情」と取ることも、自由である。それは受け取る側の心の斟酌《しんしゃく》ではないかと思う。

九十歳になった私に、あどけなくベコに憧れていたハイティーンの幼い私が浮かぶ。この人のような大人になりたいと思い続けた私の胸に、ひらりと浮かぶのは彼女独特のきれいな指の動き。

暮れ行く空に、黄金色の夕陽が眩しい。遠い昔に見惚《みと》れた小柄なベコの姿が、その入陽の中でじっと私を見つめている。

謎めいた、怪しげに美しいほほ笑みを浮かべて……。

エコちゃんという人

『ベコ』に、「あの人、ヘンだと思う……」と言ったエコちゃんのその後について触れたい。

エコちゃんは私が日本を去ってからも、横浜の両親のもとを去らずに五年間も、私になり代わって親孝行をしてくれた。

そのエコちゃんは可愛いだけではなく、エキゾティックな顔立ちと、素直でざっくばらんな態度が素晴らしく、私なんかよりずっともてていた。合作映画撮影の時は、フランス側にエコちゃんに恋した人までいた。

エコちゃんの実家は東京下町の商店街で下駄屋さんをしていた。

私に代わって両親に尽くしてくれているエコちゃんに、私はその頃親しくしていた店の、店員さんを結婚相手に紹介した。

「いい人だけど……うちの家族がダメって言うの」と彼女。

「なぜ？　会ってもみないで」と私。

「わたし両親に逆らったことがないの。今までもこれからも」

「ふーん」と言って私は黙った。

その後、彼女はかなり年上の高校・社会科の教師と結婚して、二児の男の子に恵まれ幸せな暮らしぶりだった。

彼女は特に長男に夢中になり、溺愛ぶりは傍《はた》から見ても相当なものだった。

美形なうえに、頭の良さが抜きん出ていた。彼は、大学を首席で卒業し、憧れていた会社の試験も見事な成績で入社が決定した。その頃パリから横浜へ帰っていた私に、エコちゃんが弾んだ声で電話してきた。

「明日の朝、初出勤なの。憧れの会社の門をくぐるの、とても嬉しそう‼　私も嬉しい‼」

その電話が、私がエコちゃんの声を聞いた最後となった。

人生には思いもかけないことが起こる。

長男はその朝、キッチンで朝ご飯を食べ、「行ってきまーす」と弾んだ声を上げて手を振りながら、満面の笑みでエコちゃんを見た。彼は自転車に乗って颯爽《さっそう》と初出勤するため、キッチンから出て行った。

ウキウキとペダルを踏んでいた彼は、赤信号で止まった。

次の瞬間、高齢者が運転する車がブレーキとアクセルを踏み間違えて猛スピードで彼に激突し、自転車を撥《は》ね上げてしまった。希望に溢れていた二十二歳の息子は、憧れの会社の門をくぐることなく即死したのだった。

エコちゃんはその事故から丸二年間、廃人のようになり、痩せ細り、昼夜を問わず、キッチンから一歩も出ることが出来なかった。夜も台所で寝ていたそうである。結婚した相手は何くれとなく労《いたわ》ってくれたそうだが、彼女はただただ窶《やつ》れていった。

二年が経ち、残された次男が言った。

「僕のことはどうなるの？」

エコちゃんはその言葉で、我に返ったそうなのだった。

十年ほど前、電話があった。

「木下です」という男性の声に聴き覚えも見当もつかなかった。

「どなた？」と訊いた私に、澄んだ、はっきりした声が返ってきた。

「エコちゃんとお呼びになっていた者の次男です」

吃驚《びっくり》した私は、一瞬声も出なかった。かける言葉が見つからなかった。長い沈黙の後、「今、何処《どこ》から？」と間の抜けたかすれ声が出た。次の言葉は心からの問いだった。

「エコちゃんはどうなっているの？」

「北海道に越してきました。母は立ち直ったように見え、かいがいしく僕に関わってくれましたが、事故の後遺症はひどく、以前の明るい母はすっかり変わってしまったのです。今は、僕のいる北海道に連れてきました」

「お元気なのね」と、無神経にも私は訊いてしまった。

「身体は回復したのですが……酷い認知症で、事故に遭った兄の名前しか憶えていないらしく、先日『けいこさん』と呟《つぶや》いたのです。それでお電話しているわけです」

その電話があった時、私は八十代に入る前だったので、エコちゃんは多分七十代だったのだろう。ご主人は多分亡くなっていたのだろうし訊くことは出来なかった。

「憶えていてくれたんだ、私のこと……」

お正月には桃割れを結って、きれいな着物ではしゃいでいた若い頃のエコちゃんが、カクンと頷くと桃割れの髷《まげ》が同じようにカクンと揺れたのを思い出した。私はその次男に逢いたい思いが溢れた。実現してはいないけれど……。

高齢者の運転が一つの家族をこんな有様にしてしまうことが情けないとしみじみと思った。

二〇二二年の春、『岸惠子自伝』を出した岩波書店の『図書』五月号に、「高齢者の自覚」というエッセイを書いた。

野暮ったいタイトルかも知れないが、これ以外に思いつかなかった。エコちゃんのことは書かなかった。のではなく、書けなかった。

高齢者の自覚

私が運転免許証をとったのは、はるかの昔、南仏のトゥーロンという港町だった。そこで、私の夫は、『Le Ciel sur la tête（邦題＝頭上の脅威）』という仮想の科学ドキュメンタリー映画を撮っていた。その間、一か月以上も続いたロケ撮影中、私は為すこともなく所在なかった。待ちに待って生まれた一人娘は十一か月。よちよち歩きをして可愛い盛り。胸に抱いて海で泳ぎたかった。

山の上の白亜の御殿もどきホテルには、子供用の浅いプールがあった。すべてがちまちまとして、安全で贅沢。私はそうした真綿でくるんだような環境が苦手だった。初孫を見たいと日本から母も来てくれていた。

「そうだ。運転を習おう。せっかく地中海があるのに、日がな一日籠《かご》の鳥になっているのはよそう！」と決めた。

その時、私三十一歳。

ダブル・コモンド（両操縦桿《かん》）がついた車の若い教官は私を眺めて不思議そうに言った。

「このお年まで一度も運転したことがないわけですか？　ハイティーンだと早いけど、三十一歳じゃ、年の数ぐらいのレッスン回数でしょうね」

彼はからかうように明るく笑った。

（バカにするな、見ていろヨ！）

胸の裡で叫んだ私の進歩は早かった。急坂で止めさせられても、ずずーと後ずさりなどせずスムーズに発進も出来た。我が愛する教官は、握手の手を振りながら言った。

「凄《すご》いですよ。十回足らずのレッスンで免許証取得なんて、教習所始まって以来のことです」

めでたし、めでたし、と言いたいところだが、私には酷い方向オンチという欠陥がある。レンタカーに喜ぶ母と娘を乗せて海岸線を走っているうちはいい。芳ばしい香りと咲き乱れる花などに魅せられてちょっと横道に入ろうものなら、帰り道が分からなくなる。その悪癖を今も後生大事に抱えている。

パリから横浜へ帰還してからは、毎日、ハンドルを握って自宅から港のある山下公園まで行き、その前の通りに駐車して、公園をひと周り、外れに建っていたちょんまげを切ったザンバラ髪の胸像を見るのが好きだった。「ザンギリ頭をたたいてみれば　文明開化の音がする」、江戸から明治に移る革命期のようなものを感じる、石碑に刻まれた狂歌というのか、都都逸《どどいつ》というのか読み人知らずのこの詩《ことば》が気に入っていた。その石碑を見てから、かつて私の一万歩を目指しての散歩は始まったのだった。

「港の見える丘公園」までの二百段の土の階段。そこを駆け上がり、外国人墓地やら、外国人が建てた瀟洒《しょうしゃ》な家々を眺めながらの独り歩き。最後は、大佛次郎記念館の喫茶店で美味《おい》しいコーヒーを飲む。

まかり間違っても、気まぐれにつられて知らない道へは入らない。車でも、徒歩でも私の方向オンチは健在なのだ。


ところが私の方向感覚はアフリカの原野などでは精彩を放つ。通ったこともないのに大木バオバブの姿や、悪道の凸凹に暗示を受けるのだ。きらびやかな大都会をビクビクしながら走るより、サバンナで砂煙を上げてジープを飛ばすとオンチが消える。とは言え、この負け惜しみは切ない。私は都会の住人なのだから……。

ある年の暮れのこと。クリスマス休暇で来日していた私の唯一の家族と、鎌倉を回った。『岸惠子自伝』に詳述したが、夫と離婚した時、日本の法律は父親だったらくれた日本国籍を、私が母親であったため娘には拒絶された。こんな理不尽かつ女性蔑視の法律が堂々とまかり通っていたのである。

そんなわけで我が一人娘はパリっ子として育った。来日にはヴィザが要《い》る。それでも娘はカタコトの日本語で「私の日本」とこの国のすべてを愛している。江の島を歩かないと日本へ来た気がしないと言って、「江ノ電」へ乗って一人でもよく出かけていた。

その日、ハンドルは娘に任せていた。私の遺伝子なのか方向オンチだが、ナビの使い方が上手《うま》いし、運転も抜群である。楽しい小旅行を終え横浜の我が家へ向かった。混みあった近所の商店街をスイスイと器用に抜け、坂のてっぺんにある、我が家の門まで来て、なぜかピタリと車を止めた。

「ママン、車庫入れをしてみて」

我が家は、三叉路《さんさろ》の角にある。ガレージはそのまた角にあるので、三方からくる車を見ながらの車庫入れは難しい。

「死角になっている左からの車を見てくれる？」

「ダメ。お手伝いさんがいない時は一人で車庫入れをするんでしょ？」

二人の孫が面白そうに笑っている。

（ン？　腕だめしか……）

私は運転がめっぽう上手いと信じている。仕事の時はマネージャーやプロデューサーの願望でタクシーを使うが、そのほかは自分でハンドルを握る方が心地よい。その日、三方からくる車を器用によけて見事な車庫入れをしてにんまり笑う私に娘が言った。

「ママン、免許証返納の時が来たのよ」

「えッ⁉」、私は目をひん剝《む》いた。運転には一〇〇パーセント自信があった。

（見ていろッ！）とばかり私はいつもの通り、まず前進してバックで車庫入れを完了したのに！

我が車庫は贅沢な間取りでガレージの前に、職人さんたちのトラックまで停《と》められる広い余裕がある。問題は庭の植木を囲う石塀がまあるく弧を描いて張り巡らしてある空間なので、勢いよくバックすると、ドシンとぶつかってしまう。

「今まですっと入れていたのに、今日は、二回も切り返した！」と娘。

「何回切り返しても、誰にも迷惑かけないでしょ。ガレージ広いんだから」と私。

「町なかはガレージじゃないのよ。人を傷つけたらどうするの」

娘の声は落ちついて静かだった。

私は八十二歳になっていたが高齢者としての自覚は毛ほどもなかった。南仏で免許証を獲得してから半世紀が経っていた。あの時よちよち歩きだった娘には既に二人の息子がいた。その娘の眼差《まなざ》しの中のやさしさが溢れる必死な説得に心底驚いた。

「ミミィ（孫たちの私の呼び名）、車がないと淋《さび》しくなるね」

からかい気味に笑っていた孫たちが、私の眼を痛ましそうに覗き込んで言った。まだ十二、三歳の幼いやさしさにも驚いた。

ハンドルを握って自由気ままにドライヴすることが最高のリラックスだった私が、正直言って少し前から車庫入れが億劫《おっくう》になっていた。方向オンチもますます磨きがかかって酷くなっていた。

家族の心遣いにめげて、その日えいッ！　と車を断念した。ということは山下公園から始めた一万歩の散歩も諦めたことになる。

我が愛車、グレイメタリックのローバーはまだ二万キロも乗ってはいない。それをレッカー車が持ち去ったのは年が明けて二月中旬だった。なぜレッカー車だったのか……断念してからは二か月間、一度も運転をしなかった。車のない生活に踏ん切りをつけるのに心情的に時間がかかったのだ。その間に車検が切れていたので高いレッカー車代まで払う羽目になった。間の抜けた話である。

私がこのことを思い出したのは、二〇二一年九月二日、池袋暴走事故の加害者に禁錮五年の実刑判決が出た時だった。

当時八十七歳だった人物が、ブレーキとアクセルを踏み違えて、歩道を渡っていた若い母親と三歳の可愛らしい幼児を轢《ひ》き殺した悲惨極まりない事故だった。たとえ極刑が下ったとしても、最愛の妻と娘は帰ってこないのだ！

一人遺《のこ》された、父であり夫である三十代半ばの若い男性の悲痛な言葉を正確には憶えていない。悲しみ、苦しみ、怨《うら》み、憎しみ……。それらを湛えた激痛の面差しだった。けれど、彼は静かに呟いた。

「人と争っている私は二人が愛してくれた私ではない。二人に愛された本来の自分に戻ろう」

この言葉に私は胸が震え、頰に涙が溢れた。

この涙には、エコちゃんの長男の二十二歳で絶たれた人生と、廃人のように窶れ果てた母親であるエコちゃんと、次男が背負った不幸への思いもあった。

「人生百年」などととんでもない言葉がもてはやされている。

特別に元気な人か、支えてくれる身寄りがない限り、今現在の人間にたった独りで快適な百歳をまっとうする力はないと私は思うし、若者の負担が大きくなる。犠牲者を出す高齢者の事故は残念ながら今でもよく起きている。

世間を騒がせた池袋暴走事故の当時八十七歳の加害者は、かつて高い要職についで受勲したこともあるという。彼の悲劇は老いて劣化する自身の能力を自覚する能力がなく、それを指摘してくれる身の周りにも恵まれていなかった。不幸なことと私は思う。

月日は容赦なく流れ、私は九十歳になってしまった。山の上に住む私は、何処に行くにも坂だらけ。車を失った私はめったに散歩をしなくなり筋肉が衰えた。「港の見える丘公園」を中心に一万歩を勢いよく歩いた七年前には遠く及ばず、今は家の周りを十五分歩いても息が切れる。切れた息を深々と吸い、暮れなずむ夕空を眺めながら、人生晩年の一日にまた陽が沈むと、やるせない自覚をした。

「身体能力は磨《す》り減るものなのよ。それを受け入れて、結構いい人生だったんじゃないの」

沈みゆく太陽が私にやさしく笑いかける。「褒めてくれるんだ」。めげない私も、思わず微笑《ほほえ》みながら、入陽のぬくもりに身をゆだねた。

初恋　鶴田浩二さん

恋愛と、一口にいうけれど……恋と愛とは少し違うと私は思っている。一目《ひとめ》惚《ぼ》れ、というのは恋の入り口だと思う。そこには愛なんぞはない。勝手な思い込みでしかないのだから……。

そんな思いを込めながら、私に起こったある物語を書いてみたい。

物語を紡ぐ人になりたかったのに、父親に猛反対されながら、私はひょんなことで映画界に入ってしまった。まだ横浜平沼高校の生徒だった私を、巨匠・吉村公三郎監督と、松竹大船撮影所の高村潔所長さんが気に入って、ときどき撮影所に遊びに来るように、と言われた。

身分としては研究生だった。この身分は学校を卒業して、大部屋の隅っこに小っちゃな名札を掛けられても、主演に近い役柄や主役の掛け持ちをするようになっても、続いていた。はじめの二、三年は主役で出ているのに、他の作品のその他大勢や、エキストラまで、フルに働いて寝る暇もなかった。

エキストラに出ている時、その都度その組の監督から言われた。

「困ったな、顔が知られ過ぎているから……、なるべくカメラから遠く後ろ姿しか映らないようにして！」

（じゃ、なんでエキストラに使うの？）と不思議に思った。

そんな、初期のある日、その頃名を馳《は》せていた岸本吟一プロデューサーに京都へ連れて行かれた。黒澤明脚本の『獣の宿』の女性主役の首実検だったらしい。首実検は私一人ではなかった。既にスターとして名を知られていた女優さんと岸本プロデューサーは寝台車、私は硬い木造りの三等車で夜を明かした。

松竹下加茂撮影所は、明るく開けてモダンな大船撮影所とは隔世の感があった。行き交う人々は、物腰が柔らかく、鬢付《びんつ》けの匂いがした。親切で感じがよく時代劇風情がただよっていた。

私は、『獣の宿』のステージに招じ入れられた。

こうして私はカメラの向こうで、光の洪水の中に浮いている一つの顔を見た。その顔は斜め7：3の横顔《プロフィール》だった。そこには私が今までに見たこともない不思議な生きものが疼《うず》いていて、触れると血の滲《にじ》みそうな悪の華が咲いていた。それは青くさいブン学少女であった私のイマジネーションの中に、突如として咲いた悪の華なのだった。私は嫌悪感と同時に、魅了もされた。

あの正体は何だろう……と思っている時、

「ぼんやりしていないで、ご挨拶をしなさい」

とプロデューサーに催促され、光の洪水の中に押しだされた。

私は、誰へともなく、ポキリと音の立つような最敬礼をした。愛想もなく多少の憎悪が混ざっていた。こういった状況がたまらなくイヤだった。

私の感情などよそに、カメラの脇にあった大きなディレクターズチェアから、大曾根辰夫監督が立ち上がり、照明を浴びていたプロフィールがゆっくりとかたちを崩して私の上に止まった。その瞬間、女性主役は私に決まったと聞かされた。『獣の宿』での役名は、由紀。湖畔の宿の野生的な孫娘であった。

私が不可思議な恐れにかられたプロフィールの持ち主は、街を歩けば人が群がり、映画館の前に長蛇の列を作った、鶴田浩二という当時の大スターだった。それなのに私は名前すら知らなかった。映画界という世界への知識は皆無であった。

『獣の宿』（1951 年）　監督／大曾根辰夫　写真提供／松竹

『獣の宿』の鶴田浩二さんの役柄は、殺人を犯した無頼の男で、宿でも果敢に行動し、湖畔宿の主人（志村喬）に銃殺されるのだったが、はじめの印象を崩して、静かな親切で、私にはひどくやさしくしてくれた。

「今のままでいなさい。この世界のあくに染まって女優臭くならないように……」

私は映画界のあくに染まったり、女優臭くなったりするほど、素直で簡単な女の子ではないのよ、と言いたかったが胸の裡でだけ呟いた。

鶴田浩二さんと私は良いコンビとされ、一年半ぐらい一緒の作品に出させられた。『獣の宿』以外は興行成績はよかったかも知れないが、思い出したくもない作品群だった。

私は相変わらず研究生の身分。付き人もなく、自家用車などとんでもなかった。何時《いつ》も相手役の車に便乗させてもらっていた。佐田啓二さん、高橋貞二さんなど……。

遠かったロケ帰りのある日、鶴田さんの車は暗い山道を走っていた。まだ『ハワイの夜』も『君の名は』も撮ってはいなかったが、『獣の宿』が大反響を呼んでから、人目を避けるためについ暗い道を選び、人混みの中では顔を隠すようにしてものすごく速足で歩く。

それは私の性に合わなかった。

「ネオンのキラキラしたあかるい街中を走りましょう。鶴田さんと賑やかな銀座のド真ん中を歩いてみたい」

「おそろしいことを言うお嬢さんだね」

「どうして天下の大道を二人で歩いちゃいけないの？　男と女だから？　スターだから？」

こうした私を軽くいなして彼は車を止めた。

「さあ、降りなさい。天下の大道を二人で歩こう」

「こんな暗い山の中イヤ！　明るい天下の大道がいい」

「山は山でも、天下の嶮《けん》と人の言う、山の名前は箱根でござんす。ま、降りてみなさい。ネオンなんかよりきれいな星がキラキラしている！」

あまりの美しさに私は息を呑《の》んだ。満天の星が手を伸ばせばつかめそうだった。

嬉しくなった私は派手なステップを踏んで踊りながら、笠置シヅ子さんが聞いたら顔を顰《しか》めそうな調子っぱずれな声でうたった。

「トオッキョブギウギ～　リズムウキウキ～　ココロズキズキ、ワクワク～～～」

彼はさびしさを曳《ひ》いた笑いをさざめかせて私を見つめていた。

「やーだァ」、踊りながら私はずぶずぶと冷たいところに沈み込んだ。

駆け寄った鶴田さんは、私を抱き上げながら笑いが止まらなかった。

「君は浮かれ過ぎてコヤシを撒《ま》いた田んぼに落ちたんだよ」

「どうして天下の嶮のてっぺんにコヤシを撒いた田んぼがあるの！」

彼は私を包み込むように抱きしめて背中をさすってくれた。

私の胸がドクンと鳴った。星々が鳴りをひそめ辺りがしんとした。

彼の瞳の中に星影が宿り、暗い熱い光が揺れた。

「さ、君から先に離れてくれ。おれ、君がとても大事なんだ。大事にしたいんだ」

私は死にたいほど恥ずかしくなった。

「ごめんなさい……！」と言いながら、なぜ謝らなくてはいけないの？　と泣きべそになった。

車から運転手さんが水に浸したタオルを持ってコヤシを拭いてはくれたが、まだ酷い臭いの私を、鶴田さんは晴れやかな笑顔で、バスケットボールのように天空に掲げた。

「両手をうんと高く上げて星を獲れ。いっぱい獲ってきれいな花嫁衣裳《いしょう》を作れ！」

煌《きら》めく満天の星の下、ロマンチックとはいえない肥やしの臭いの中で、私たちは笑い転げた。私は（誰とのための花嫁衣裳？）と、チラとは思った。

鶴田さんには兼松廉吉というマネージャーがいた。ひじょうに魅力のある敏腕プロデューサーでもあった。

その彼が、『ハワイの夜』という脚本を渡してくれた。

「これは鶴田とあなたのために企画した物語です。このヒロインはどうしてもあなたにやって欲しい」

脚本も魅力があったが、私はハワイという、日本以外の外国に行ってみたかった。地球の上に住む人々がどんな生活をしているのか知りたかった。問題はこれが松竹作品ではなく新東宝の製作なのだった。

薄れた記憶ではあるけれど、兼松マネージャーが直接、松竹大船の高村潔所長に話してくれたように思う。高村所長のＯＫをもらって、私は戦後初めての海外ロケに発ったのだった。

ところが、当時マスコミと言ったかどうか忘れたが、芸能記者と言われた彼らはこぞって私を罵倒したのだった。「アプレガール‼」と、雨垂れ記号を二個も付けて罵ったのだった。

今では死語になっているアプレガールとは、フランス語のアプレ・ゲール（戦後）から生まれた言葉で、つまり戦後派、従来の常識や、社会的規範をはみ出した今風の女の子、ふとどき者といった意味合いを持っていた。

当時俳優たちを縛る気風が各映画会社にあった。

私は契約こそなかったが、研究生として高村所長の秘蔵っ子のような存在だったと思う。高村所長の了解を得ているにもかかわらず、「恩人に後足で砂を掛けた」という状況を当時のマスコミはつくった。

「恋の逃避行」とか「松竹を飛び出して新東宝へ！」なんぞという、今も昔も変わらぬマスコミの裁決にはうんざりした。

私は逃避行もしないし、松竹を去って新東宝へ移りたいなどとはユメ思わなかった。『ハワイの夜』に描かれた女性をやりたいだけだった。ハワイというクニにただ行ってみたかった。


ハワイロケたけなわのある日、ロケから帰った私は、オアフ島のホテルの庭に、やや複雑な面持ちで立っている高村所長を見て、唖然《あぜん》とした。私を透かし見るような瞳は瞬時に晴れて、「やあ」と、明るい笑顔になり握手のための手を差し伸べると、駆け寄った私の手を両手で握って大きく振った。

「元気そうでよかった。心配してたぞ。顔が少しふっくらしたけど相変わらず手足が細いな」

私の顔は泣きべそ色に染まったことだろう。

「びっくりしたろう。ハリウッド視察の途中下車だが、君のためのパーティを開くことにした。新東宝のスタッフ全員に招待状を手配したところだ」

それは豪華な立食パーティだった。連日のロケ疲れで、スタッフは皆アロハシャツだったが、兼松プロデューサー、鶴田浩二さん、そして私だけがややきちんとした服装だったが、高村さんは麻のスーツにネクタイまで締めていた。たかが十代の新人女優に砂をかけられた老舗《しにせ》の所長が、新興の映画会社に意地をみせている、というような卑しさは微塵《みじん》もなく、自然体で和気が流れていた。

高村さんが凄い人だと感激したのは、自分が居続けては兼松さんも鶴田さんもマスコミを知ったスタッフもくつろげないことを慮《おもんぱか》って、翌日の早朝立ちを口実に、ロケの首尾と作品の成功を祈るエスプリの利いた短いスピーチを残して、会場から消えたことだった。

去り際に、プロデューサーや監督に丁寧な挨拶をして、多分、私をよろしく、と言ってくれたと思う。遠目にも鶴田浩二さんの眼が潤んでいた。最後に私の肩をポンと叩《たた》いて言った。

「しっかりやるんだぞ。遠くから祈っているぞ！」

かつての映画界には、こういう素敵な人たちが住んでいたのだった（今もいるかも知れないけれど……）。

日本映画初の海外ロケ、『ハワイの夜』は爆発的にヒットした。

ハワイの美味しい果物やアイスクリームを食べ過ぎて、細かった私に少し肉がつき、私は相手役の鶴田浩二さんと恋に落ちていた。

青い海と、フラダンス。私は幸せだった。

舞台で下手っクソの声で『ハワイの夜』の主題歌を踊りながら歌うことにな

り困り果てていた。踊りはいいけれど、歌は苦手だった。

その私に、せめて間違えないように、と、鶴田さんが歌詞を書いてくれた。

その直筆を見て吃驚した。すごくいい字だった。達筆とか、上手いというより、外見からは想像できない味のある字、深い人生観が滲み出ていた。

私は鶴田浩二という人の隠された一面を感じたように思う。


そんなある日、兼松さんが言った。

「僕が二人のために、夢の結婚式を企画したんだ。これはあくまでも夢のまた夢の話だ」

私はその時、充分に幸せだったのに、なぜ夢のまた夢の疑似結婚式をやるのか、胸騒ぎがするほど不思議に思った。

「恵子ちゃん、ご両親に僕から『ハワイの夜』のお疲れ会をするために旅に誘われたと言いなさい。ほんとにそれもあるんだ」

と兼松さんは言った。彼は当時、大人気だった少女歌劇の男装の麗人、水の江瀧子さんと暮らしていた。

伊東のかなり立派な旅館に着いても、私の胸から何か不思議なしこりが抜けなかった。「夢のまた夢」が引っかかっていた。

豪勢な料亭旅館の庭に大きな池があった。

「ここでひと泳ぎしようか」と兼松さんの提案で、四人は蓮の花が浮いている池でふざけ合った。私の不思議を解こうとしている感じがあった。

「わっ！　メダカ飲みそうになった！」と水の江さんが悲鳴をあげた。

鯉《こい》も緋鯉《ひごい》もメダカも沢山いた。

「本物のプールがいい！　わたし鯉が怖《こわ》い！」と私も叫んだ。

ここまでは妙な具合に楽しかった。

私がヘンな気分になったのは、離れの立派な部屋に案内されて、「結婚したんだよ、おめでとう！」と二人きりにされた時だった。池で泳いだせいか、夢のまた夢……のせいか、私は寒くてガタガタと震えていた。

「お風呂に入って温まってくるといい」

鶴田さんのやさしい声に、私はひとり風呂場に入った。長いこと湯加減のいい風呂に浸《つ》かっても私の震えは止まらなかった。

風呂場から寝間に入った私を抱きしめて彼は言った。

「夢のまた夢が、正夢になるまで、初夜の契りは止めておこう」

彼は、私の震えをよく理解してくれているようだった。二人は既に恋人関係にあったのに、なぜ、偽の結婚式をやる必要があるのか……。

兼松さんが苦労してつくってくれた伊東の「夢の結婚式企画」が未完に終わったことは私たち二人しか知らなかった。

伊東での旅から大船撮影所に帰った私は、可愛がってくれていた大部屋のおばさんに「ちょっと」と言われた。曰《いわ》くがありそうな気配だった。

「恵子ちゃん、この頃照子さんがいないことに気が付いていた？」

照子さんとは何でも話せる相手として大好きな大部屋の女優さんだった。大家のお嬢さんで、白百合学園を出ていた。素敵な人柄だったが、女優としては向いてなく、こんな人が大部屋女優でいることが不思議だった。そう言われれば、彼女を探しても見つからないことがあった、と思い出した。

「この頃忙しくて……」と言った私におばさんは、言いたくはないけれど、と断って思いもかけないことを物語ってくれた。

「あなたが現れる半年前に、照子さんは初めて鶴田浩二さんの相手役をしたの。その時から二人は愛し合って一緒に住んでいるのよ」

「…………」、嘘っ！　吃驚して、声も出せなかった。

だから夢のまた夢だったのか、と、私の胸にしこっていた言葉の意味を、干からびた心でやっと理解した。

「鶴田さんは不幸な生い立ちをしたから、照子さんやあなたのような、お嬢様育ちへの憧れがあると思うの。今にも結婚すると思っていた時に、あなたという人が現れてしまったのよ。彼は凄く女にもてる人でしょう？　特にあなたの存在が照子さんを大きく上回ったと思うの。あなたが二人の関係を知らないようだから……お節介かも知れないけれど言うべきだと思ったの」

私は息苦しくなった。顔から血の気が引いてゆくのを感じた。

何も知らずに、誘われて鶴田浩二さんのご自宅のお茶会に招かれたこともあった。親友と思っていたベコという友人が一緒についてきた。

「恵子さんに僕の家の中を見せたいけれど、あなたはここでお茶を飲んでいてください」

鶴田さんは、なぜベコが招かれてもいないのについて来たのか、はっきりと態度を硬くした。

(あの時も、照子さんは家のどこかにいたの？　あの時の茶菓子も彼女が用意したの？)

私の頭も心も真っ白になった。真っ暗になったと言うべきかも知れない。

私は、二人のために銀座で注文して作った純金の長ーいネックレスを思った。彼も喜んでそのネックレスを胸に着けていてくれた。

照子さんが待つ家に帰る度に、あのネックレスを外していたのだろうか……。

私は壊れた。

＊

人気のない銀座の街角で、私は彼にさよならと言った。

彼は炎の立つ暗い瞳で私を見据えて、「どうして？」と言った。彼は茫然《ぼうぜん》と蒼《あお》ざめた顔で、私の「さよなら」に乗ってこなかった。別れる、というのが不自然なほど、私たちは約束ごとなど交わしていなかった。けれど、彼は照子さんとのことを、私が知ったと感じたに違いない。

「君がもう少し大人になれば解ってくれると思う」

蹌踉《そうろう》と立ち尽くした彼を残して、私はひとりで大粒の涙をこぼしながら、銀座を走り抜け、どこかの橋の上に来ていた。

そこで、彼と私の胸に一年ほどチカチカと星くずのように煌めいていた金のネックレスをひきちぎった。そんな大げさなアクションをするまでもなく、ネックレスはポロリと切れた。

純金は混ざり気がないから脆《もろ》いのだと、あとになって人から聞いた。十九の乙女にも混ざりものがないのだった。世間がどう言おうが、嗤《わら》おうが、十九の乙女は取り返しの利かない見事な脆さを生きていた。敗れた恋のネックレスは夜の川面《かわも》にあっというほど未練気もなく呑み込まれていった。

彼はその時、まだ二十七、八歳くらいだったと思う。それ以降、鶴田さんと二人きりで会うことはなかった。

松竹もいいコンビだった二人を再び一緒の映画に出演させなかった。そこにあるだろう思惑を私は無視した。世間の眼とか、他人のお節介な作り話には私は断固として動じなかった。

そんなある暮れ方、兼松さんが横浜の私の家に訪ねてきた。その顔色を見て、

（何かあった！）と直感した。

私は二十歳になっていただろうか……。

鶴田浩二さんが遺書を残して失踪したという。八方手を尽くしたが、どこへ行ったのか……兼松さんは憔悴《しょうすい》していた。

「山中湖ではないかしら……」と私は言った。

初めての顔合わせ、『獣の宿』の初日の撮影が山中湖の湖畔だった。けれどそれは彼の失踪の原因が、私との別れであることを想定してのことだった。

私は、ポロリと切れた金のネックレスを思った。雨を受けて光りながら、あっというあっけなさで消えていった。

無事であるように……と祈りながら、兼松さんと共に夜の中を山中湖へと車を走らせた。生きた心地がしなかった。

小船が舵《かじ》を執っていた人を失って、ふらふらと流れていたのを見つけたのは、兼松さんが頼んだ土地の人だったと思う。

大昔のことで私の記憶はぼやけている。

湖水にまみれ、ほぼ意識のない鶴田浩二さんを眺めながら、〈この人も私を本当に愛してくれていたのかも知れない……〉と胸が張り裂けるほど切なくなった。それでも私は、意識の戻った鶴田さんには逢わなかった。

彼との間には、熱烈な恋があり、私の中に彼を理解する、また彼の現在の事情を認めるおおらかで寛容な愛は生まれなかったように思う。

なぜか……。

鶴田浩二という人はひどく真面目な《義理と人情の熱血漢》であるのに、その内実とは裏腹な、人目を惹《ひ》くプロフィールに甘いニヒルな笑みを浮かべ、デカダンな妖しさを漂わせて、暗い敗戦を潜り抜けてきた当時の若者を魅了していた。

けれど、彼が傾斜しているように見えた同期の桜や、特攻隊や、彼の出兵体験を含む、ある狂乱の時代へのノスタルジーのようなものは、私には馴染《なじ》めなかった。それに、私はとても若く人生を知らな過ぎた。第二次世界大戦の時、私はまだ小学生で、戦争というもののすべてを心から憎んでいた。

この時から十数年も経ってから、彼はこんな歌をうたっている。

「真ッ平ご免と　大手を振って　歩きたいけど　歩けない……日陰育ちの泣きどころ　明るすぎます　俺《オイ》らには……」

こういう「俺ら」に私は与《くみ》することが出来なかった。

「何から何まで　真暗闇よ　すじの通らぬ　ことばかり……」という任俠の世界に受けそうなカッコよさは私の気分にそぐわなかった。

とは言え私はこの歌を聴いたこともないし、全共闘世代に受けたという『傷だらけの人生』も見たことはない。

私は自分の恋を成就するために、他人を破壊して達成する生き方が出来ない。

私は一時期ひどく悼んではいたが、消却と前進はお手のものだった。鶴田浩二さんに恋したのは十八歳から二十歳の時だった。私は二十四歳になっていた。若い時の五、六年間は生来の性格を変えるほどの、思いもかけない出来事がある。私は私なりにひどく変わり、成長した。

『風は知らない』の主演をやることになって、デヴィッド・リーンさんとの交流は素敵だったし、英語習得のためにロンドンへ行ったことは大きかった。『風は知らない』が中止になり、そのままパリへ行ったことが、決定打になったと思う。

私は『長崎の台風（邦題＝忘れえぬ慕情）』という日仏合作映画に出て、日本を去ることになった。

医師であり、映画監督でもあったイヴ・シァンピの魅力に私の一生を捧げたいと思った。イヴ・シァンピの広範囲な体験や、教養、それを分かり易いユーモアに変えて話す座談の面白さ……彼は医科大学生であった時、ロンドンに亡命していたド・ゴール将軍の呼びかけで、医科大学生十二人と地下運動《レジスタンス》の戦士になった。この時の話はとびっきり私を魅了したが、この章で語ることは避ける。

一応、日本映画界の中で、大スターと呼ばれる身分になった私が、海外旅行が自由化してもいない日本から去って行くことに、周囲は驚いたようだった。

何年も会っていない照子さんからの連絡で、銀座・すずらん通りの角にあった喫茶店で相変わらず美しい照子さんに会った。ただ懐かしかった。

「これ、私からのお祝い」

と言って彼女から頂いたのは一ダースぐらいのきれいなお猪口《ちょこ》だった。

私たちは鶴田さんのことはひと言も話さなかった。この時点でも彼女は鶴田さんと結婚してはいなかった。

別れ際に彼女はちいさく呟いた。

「もう、日本には帰らないで欲しいの」

(両親がいるから帰るわよ。でも、あなたが心配するようなことは絶対に起こらない)

こころのなかで言って、私は微笑んだ。

日本を去る日、羽田空港には私を囲んで大勢の映画人が集まってくれていた。

相手役をした人や、監督が私の旅立ちを本当か……と言いたげだった。

『君の名は』ほか、私と共にある時期の松竹を盛り上げた佐田啓二さん、高橋貞二さん。俳優にも作品を選ぶ権利がある、と女優三人でつくった独立プロダクション「にんじんくらぶ」の仲間、有馬稲子さん、久我美子さん、最後の作品と思った『雪国』の池部良さん、八千草薫さん……誰からも別れの言葉はなかった。

最後に合作映画『長崎の台風』で、私の妹役を演じた野添ひとみさんが抱きついて来た。

「恵子ちゃん！　ほんとに行っちゃうの？　もう会えないの？」

沈黙が重く敷きつめられた席から私は立ち上がった。

「ありがとう、みんな、ありがとう……」

万感胸に迫り、私は立ち上がりながら友人たちと両親と、映画と、祖国日本に別れを告げた。

見送りデッキの方へ懐かしい人たちが流れて行き、私はひとり飛行機搭乗用の道を進んだ。

その時、一人の男が駆けつけてきた。

「これ、預かってきました」と、掌《てのひら》に入りそうな小さなフリージアの花束を渡してくれたのは、箱根の山でコヤシの中へ落ちた私を、水たっぷりのタオルで拭きとってくれた鶴田浩二さんの運転手さんだった。

小さくて美しい黄色のフリージアの花束には何のメッセージも言葉もなく、運転手さんは愛嬌のある顔で、ぺこりとお辞儀をして立ち去っていった。フリージアの花は私がパリへ着くまで私を見守っていてくれた。

私の結婚式は一九五七年五月四日。

鶴田浩二さんと照子さんは、私の式を待ってでもいたように、その後、結婚式を挙げたと人伝に聞いた。

パリは眩しかった。イヴ・シァンピ以外、誰一人知らなかった私は、夫に連れられて、アフリカやヨーロッパ、中東の各地を回り、特にパリでは、フランス革命が生んだと思われる自由の気配、繊細で緻密な会話や付き合い方に、時折入ってくる洗練されぬいた気づかないほどの毒が魅力的だった。

私は一心不乱に勉強した。フランス語はアリアンス・フランセーズ。ソルボンヌ大学の文学部に入籍した。

ユダヤ教、キリスト教、イスラム教。経典と言われるものも時間をかけて読んだ。唯一の神とされるYahweh《ヤハウエ》、人類救済の預言者アブラハム……二、三年かけて熱中し、難しい読書をした。もとは同じ種族であったのに、かたやユダヤ、かたやイスラムとなって巻き起こす争い。宗教と民族が醸し出す数々の問題。私は自分の家の宗教さえ仏教とだけしか知らないのに、いろいろ勉強をするうちに、完全な無宗教主義に陥ってしまった。

私の勉強の仕方が大雑把で、能力が乏しいとは分かっているけれど。

祖国日本とヨーロッパを行き来するうちに、私は自分のなかに生まれてくるかなり複雑な心理状態に揺らめいた。東海の孤島ニッポンの苦労なしの娘から、世界を見聞する旅人になった。それを理解し、助けてくれたのは、夫イヴ・シァンピだった。

こんなことがあった。夫イヴ・シァンピの思い遣《や》りで、私は親孝行のために横浜に帰っていた。

その頃の私は、映画というフィクションの世界から、ルポルタージュやエッセイなどを書くノンフィクションの世界へと引っ越しをしていた。その私へ知らない人から電話があった。

「岸恵子さん。お宅に電話した失礼をお詫《わ》びしつつ、私の話を聴いていただけたら幸いです。私はある会社の重役を務めている小野と申します。私と同じような他社の重役たちが四名集まり、時折『読書会』をしております。次回は、あなたのご著作について感想を交わすことになりました。みんな、あなたのお書きになった作品の大ファンです。その会にお招きするということは出来ないでしょうか」

私は面食らった。黙っていた。

「私の父も松竹大船にいたことがありますので、失礼とは思いましたが、この厚かましい役目を引き受けました」

そんな人もいるだろうと思って黙っていた。

「ご出演作にご一緒したこともある人間です」

あまり黙っているのは辛《つら》くなって、訊いてみた。

「例えばどの作品に出られたの?」

「『獣の宿』とか……」

「何の役をなさったの?」

湖畔の宿だったから男の人もいただろう。

「最後に銃殺される役です」

「……え? 鶴田浩二さん……?」

「私はその息子です」

吃驚した。

四人の「読書会」に行くのはためらったが、鶴田さんの息子さんには会ってみたいと思った。

「都内、目黒区の柿の木坂、をご存知ですか?」というわけで、小野さんご夫妻と待ち合わせた。私は自分の車で行った。二人は打ち合わせ通り、柿の木坂の交差点で待っていてくれた。

にこやかなご夫婦を見て、当然のことながら心の裡で吃驚仰天した。私が憶えている鶴田浩二さんは二十代後半の若さの真っ盛りだった。待っていてくれた人は、中年もいいところ、鶴田さんのお父さんにしか見えなかった。私は自分の想像力の甘さに心中失笑した。鶴田浩二さんの本名が小野さんであったこともお家へ着いてから思い出した。

人生ってそんなものでしょう……。

鶴田浩二さんが十九歳の時に生まれたというご子息を、本に囲まれた彼の居間で感じたのは人生の妙味だった。十九歳の時に生まれた赤ちゃんを、こんな風に育てたのは誰？　と思わず訊いてしまった。

「照子さんはどうなさっているの？」

瞬間、小野さんは苦笑に見える表情を浮かべた。

「親父の遺した財産をあっという間に彼女なりに使い果たしました」

私は、言うべきではないことに触れた自分を感じて、では、あの鶴田浩二さんを私は本当に理解していなかったのか、と慚愧《ざんき》の思いに駆られた。

十九歳の時に生まれた息子さんを、こんなに立派に育てた鶴田浩二という人を見誤っていたかと思った。それとも相手が素晴らしい母親だったのか……。

小野さんの蔵書とその読解力の非凡さ、それを何気ない会話に盛り込む妙技は、ざっくばらんではあったが見事であった。私が原稿を自筆で書いているのを知って、小野さんは自社製の立派なワープロを贈ってくださった。機械オンチの私が、手に負えないで困り果てていると、横浜の私宅まで指南に出向いてくれた。

その、懐かしい鶴田さんのご子息が亡くなったと知らされたのは二〇二二年だったか、それよりも前であったのか……。

私は朝日新聞出版が二〇一九年十二月に出版した『黒澤明DVDコレクション50』と書かれたA4判の雑誌を本棚にしまいこんでいた。

表紙には大きく『獣の宿』とあり、精悍《せいかん》な顔の鶴田浩二さんと十代の幼い私の顔のスチール写真が載っていた。

黒澤明ファンでもあった私は夢中で読んだが、九ページのコラム、

本作がきっかけで生まれた⁉

〝戦後最大のラブロマンス〟

はあえて読まなかった。その記事を四年も経った昨夜読んだ。

《長女・カーロン愛弓の著書『父・鶴田浩二』によれば、1985（昭和60

年）に肺がんで入院していた際、「本当は誰のことが一番好きだったの？」と質問したことがあった。すると鶴田は、娘に初めて岸のことを話し始め、「最初に会った時、自分が彼女の中に自然に引き込まれていった」「我の強い自分が彼女を前にすると、不思議なくらい素直になれた」「別れる辛さに堪えられず、自分でヒロポンを注射した」などと告白したという……》

鶴田浩二さんの訃報を知ったのは、一九八七年の初夏。私は五十五歳になろうとしていた。当時のイスラエル首相イツハク・シャミル氏にインタビューに行く仕事が待っていた。

その日は六月だというのに、酷い雨がパリの私の家のガラス窓を打っていた。電話が鳴った。日本の朝日新聞社の『週刊朝日』からだった。

「鶴田浩二さんが亡くなりました」

「……えっ……」

「もうだいぶ長いこと思っていらしたんです。ご存知でしたか?」

(何で知るかヨ!)

私は窓を開けて閃光《せんこう》が走る黒雲を眺めた。

「日本はもうじき七夕さまね」

追悼文をという相手の問いに、なぜそんな返事をしたのか分からない。


小舟に乗って七夕の夜、二人で星空を眺めたことがあった。

あれから三十五年。蒼ざめたその人の顔は、

「君がもう少し大人になれば解ってくれると思う……」

と言ってストップモーションになったまま、三十五年も経ってしまった。私はうんざりするほど、もうすっかり大人になってしまった。三十五年も経ったその人の顔を、私は想像も出来ない。

翳を潜めたあの顔に歳月が刻んだ苦や楽を、私は知りたくもない。

私は、箱根の山で起こった無邪気な状況を思い出した。

「両手をうんと高く上げて星を獲れ。いっぱい獲ってきれいな花嫁衣裳を作れ！」

思いのたけキザな台詞が満天の星とコヤシの臭いのなかで、何とも言いようのない可笑《おか》しさをつくり、鶴田浩二さんと、私はいつまでも笑っていた。

日本はもうじき七夕さま、と私はもう一度思った。今年のパリは異常気象で、六月も末というのに、冬のように寒い。私は鶴田浩二さんと、そのご子息・小野さんの早すぎる逝去にこころから手を合わせたい自分を感じた。

私は窓を大きく開けて、降りつける雨に体を晒《さら》した。

叩き付けるような豪雨の中で、窓辺に咲いた天竺葵《てんじくあおい》の花弁が裂けた。

追記：鶴田浩二さんのことは当時の『週刊朝日』に追悼文を書きました。ここに書いたものは一九九九年十一月に講談社から上梓した『30年の物語』と重複しているところがあります。お許しいただきたい。

萩原健一《ショーケン》のこと

今から、二十四年も前の一九九九年の年初め、私は国連の親善大使として、アフリカ奥地のサバンナでむずかって暴れる可愛らしい黒人の赤ちゃんを抱いていた。六十六歳だった。

その子が私の胸におしっこをして、（これでも水？）と言いたい泥水みたいなものをかけて洗っている時に、母が横浜の病院でたった一人で旅立ったのだった。

その日、広子さんというお手伝いさんと私の従妹《いとこ》二人は見舞ってくれたが、母は夜遅く誰にも見守られないで逝ってしまった。何ということだろう！　水も電気も、もちろん電話や連絡手段もない場所で、私が大事な母の死を知る由もなかった。

アフリカからパリへ帰った時、解散した「にんじんくらぶ」に最後まで残って残務整理をしていてくれた松原小幸さんが、冷ややかな声で電話をしてきた。

「お母さまが、昨夜亡くなりました」

一人ぼっちで病んでいる母を置いて何が親善大使よ！　という責めがその声にはひそんでいた。

私は、張り裂けそうな気分で飛行場へ飛んで行った。

母は白装束で、きつい死化粧をされていた。

「誰がこんな朱肉みたいな真っ赤な口紅を差したの！　お化粧なんかしなか

ったきれいな母の顔が、汚されている！」

申し訳なさと、悔しさで私は泣き叫んだ。

アフリカ奥地へ発ったのは横浜の実家からだった。

「恵子ちゃん、元気でいっていらっしゃい。あなた、とてもいいことをしているのよ。わたし、誇りに思っているのよ」

と母は、私がパリへ帰る時に、いつも見せる侘《わび》しさのまったくない、太陽のような明るい微笑みで送り出してくれたのだった。

万感の思いで胸が塞《ふさ》がれている時に、玄関のドアをガラリと開けて、人がずかずかと入ってきた。

ショーケンだった。

私には口も利かず、母の棺《ひつぎ》の前に座り込んだ。合わせた手に涙がこぼれた。

「おかあさん、たった一人で逝ったんだって！　ぼくになぜ報《しら》せてくれなかったの。ぼくをあんなに可愛がってくれていたのに」

「私もアフリカにいて知らなかった。あなたはどうして……」

「松原小幸さんが今、報せてくれた。飛んできた」

ショーケンが私の日本にいない時も、よく母を訪ねてくれたのは知っていた。家が近かった。

「『おかあさん、腹減った。何か食べさせてくれ』って裏口から入ってきて、お土産をぶらぶらさせながら炬燵《こたつ》に潜り込むショーケンはほんとに可愛かった」とよく母が言っていた。

何年も会っていなかったショーケンはその時四十代後半だったのか、厳しい顔をして私に白い小さな包みを渡してくれた。

「なあに？　これ」

「おねえさん！　そんなことも知らないのかよ。塩だよ。玄関にも塩を盛ってないじゃないか」

「今帰って来たばかりだから……ショックで……」

ショーケンは私を詰《なじ》ったものの、やさしさが溢れていた。私がショーケンを見たそれが最後になった。


今から、半世紀ほど前のこと、パリに住んでいた私にある日一通の分厚い封書が届いた。『約束』の出演依頼書だった。

脚本と手紙の間から、ポトリと一枚の写真が落ちた。胸から上の顔写真だった。子供っぽさの抜けきらない、ハイティーンと言えなくもない少年の姿。

私が依頼を受けた役柄は、模範囚として、母親の墓参を許された松宮螢子という女囚で、汽車の中で出会う若い男と恋に落ちる物語。その時私は三十九歳。

こんな美少年とのラブストーリー？　好い脚本だったが私は迷いに迷った。

結局は斎藤耕一監督の熱気にほだされて来日した。

羽田だったか、成田だったのか飛行機を降りた私を迎えてくれた関係者の中に、少年とも青年ともとれる、際立った存在で立っていたのがショーケンだった。初めて作ったという渋い背広を着てネクタイを締めていた。少年にしてはやけに様になっていた。

(服装のセンスは大人っぽくて抜群)

私の第一印象だった。

記憶という不可思議なものは、その人によってうつろい、変化すると思う。

ショーケンの早過ぎる逝去の後、長時間のインタビューをもとに書かれたという『ショーケン　天才と狂気』の中でショーケンが私と会ったのは大船撮影所だった、とあるそうだが、これは私の記憶の方があっていると思う。

パリで見た子供っぽさの抜けない顔写真に反して、ネクタイを締めて、心もとなげに、しかし、「俺、関係ねえヨ」といった無関心さを湛えて、飛行場に慄然と立っていた姿が印象的だった。

映画で主役をやるのは初めてだが、彼はグループサウンズのバンド「ザ・テンプターズ」とやらの既に大スターだった。かっこいいスポーツカーのクーペに乗っていた。

親しい友人が、同じく『ショーケン　天才と狂気』の中で私が書いたとされる手紙の一部を書き送ってくれた。

《わたしは結婚した歯科医で映画監督のイヴ・シァンピとはあまりにも浮気の頻度が多いのに嫌気がさして離婚した。（中略）主人公の松宮螢子を演じたいと心が燃えて、炎が足の爪先から込みあがってきたのです。岸惠子が演じますからこのシナリオは女優さんのどなたにも渡さないでください》

私が、松竹で製作次長をしていた山内静夫さんに宛てた手紙とされている。

嘘八百もいいところである。著者が聞き間違いをしたのか……ショーケンがヨタを言ったのか……私は不愉快になった。

イヴ・シァンピは歯科医ではなかった。離婚は私の我儘《わがまま》。その後、彼は再婚したが、私との結婚中に浮気などする人ではなかった。

出会いからかなり経ってのこと、ショーケンが、

「俺、パリまで行っておねえさんの旦那さんにちょっと診てもらいたいんだよ」

と言った。

「どこが悪いの?」と訊いた私に、彼は言い辛そうにしていた。

「パリまで行かなくたって日本にもいいお医者さんはいるでしょう」と言った私に、彼はますます困っていた。

「俺の声、時々ヘンだと思わない?」

とショーケン。

もしかしたら、彼は若い時から喉に変調があるのを知っていたのかも知れない、とずっと後に思った。そのことをこの世界の人たちに知られることを避けたかったのかも知れない。その彼が頼ってくれたイヴ・シァンピを歯医者と間違えるはずもない。

私はこんなヘタクソな手紙を親しかった山内さんに書いたこともないし、こんなものを平気で発表する前に、私が書いた『岸惠子自伝』でも読めヨ！　と不貞腐《ふてくさ》れた。

不貞腐れは止めて、肝心の映画『約束』とショーケンの話に戻る。

『約束』の撮影は、オールロケだった。しかもほとんどが汽車の中。真冬の撮影だったので、斎藤プロダクションが借りた車両は暖房が効き過ぎていた。進行方向に向かって乗っていたショーケンには、窓から多少の風が入ったけれど、その向かい側に座った私は、むせ返るほどの暖房で身体じゅうがむくみ、顔も身体もカサカサに乾いていった。

台詞の妙味は憶えていないが、飛行場の印象とは違って、ショーケンからは面白いほど俳優らしさのない性格がこぼれだした。

私を何と呼べばいいか迷っていたらしかった。

「岸惠子さん」と律儀に呼んでいるのが面倒になったらしく、二日目ぐらいから「おねえさん」になった。この世界で私を「おねえさん」と呼んだ人は二人。天才歌手の美空ひばりさんとショーケンだけだった。

肝心の芝居の初日が、ラブシーンだった。

ショーケンは寒さからか、神経質になっていたのかガタガタ震えていた。そのうちにゲラゲラと笑いだした。斎藤監督が怒りだしたとその本にはあるらしいが、私とのキスシーンが何としてもやり難《にく》くて、神経が高じての笑いだと私は理解した。

「いきなり、舌が入ってきて……」とショーケンは、その後、TVのインタビューでも語っていたが、いくらショーケンを落ち着かせようと思ったとしても、思春期真っ盛りのような少年に、私はディープキスなんかしていない、と思う。

本当は斎藤耕一監督に付いて演出の勉強をしたい。つまり『約束』でサード助監督になるはずだったのに、諸々のいきさつがあり、いきなり主役に抜擢《ばってき》されたショーケンの、演出家を目指していた思いを断ち切らせるために、斎藤監督は初日にこの重たいシーンを選んだのではないか、とも思った。

緊張し過ぎている彼と、当時は大スター（!?）であった私との垣根を取っ払ってくれたのは、「にんじんくらぶ」が私の付き人として同行させてくれたプー子という女性だったと思う。彼女はどんな難題も見事に笑いで解決する類《たぐ》いまれな天性を持っていた。素晴らしく明るく、ざっくばらんで誰からも好かれた。

歳月という恐ろしいものに侵されて、恩になった彼女の本名を忘れてしまったが、綽名《あだな》はこれ以上ないと思うくらいぷーと肥っていた自分でつけたプー子なのだ。よく笑い、よく呑み、よく食べる。ショーケンは彼女の明るさで私に懐いてくれたのだと思う。

懐いたら懐いたで、際限がない。撮影が終わっても、その時の恋人を私に会わせたがったりしていた。

家が近い。電話もかけずにひょっこり私の家によく来た。あの頃夢中になっていたモデルの小泉一十三さんを連れてきた時は私がパリにいて留守、母が会った。

「素敵な女性だったわよ」と母が喜んでいた。

映画の話に戻る。

『約束』最後のシーンは、墓参を終えて再び刑務所に入る私の鉄格子を挟んでの長いアップの芝居だった。どアップでの掛け合いの台詞だった。通常、二台のカメラを据えて二人の顔や台詞を同時に撮るのだが、斎藤監督は一人ずつ顔の真正面にカメラを据えることを選んだ。当然、監督は私を先に撮ろうとした。

「ショーケンから先にしてください」と私は言った。

螢子役の私の刑期が終わったらどこそこの公園で会おうという約束をしながら、ショーケン役の少年はいい台詞を言った。

「ぼくの名前、あきらっていうんだ。明日という明じゃなくて、朗らかって書くんだ」

この芝居を二度もやることに、ただでさえ緊張しているショーケンの神経は耐えられないと思ったのだった。

このシーンのショーケンは本当に素晴らしかった。

その芝居に台詞を返す私は、カメラに写ってもいないのに身体中の涙が出るほど泣きぬれて夢中になった。『約束』の出来不出来はこのショーケンの芝居で決まる、と思ったからだった。この人は、何十年に一人出るか出ないかの逸材だと思った。不思議な存在感があった。

この映画では、ショーケンが夢中で駆けるシーンが特によかった。

『約束』をもう一度見てみようと思った。記憶というものは当てにならないから……。

件《くだん》のキスシーンについては、ショーケンと私の思い出が異なるように、ある映画で共演したその時の結婚相手だった、いしだあゆみさんが言ってくれた。

「あのシーンで、ショーケンがガタガタ震えていたら、恵子さんが化粧落としの大きなコールドクリームの中身を捨てて、少し残ったクリームに火をつけて、器を温めてショーケンの両手に握らせてくれたんですって？」

そんなこともあったかな？　と私自身はうっすらとしか憶えていない。

ショーケンとの二番目で、最後の映画は『雨のアムステルダム』だった。アムステルダムに行ったのは多分昭和四十九年（一九七四年）の晩秋だったと思う。数人の外国人俳優がいたし、スタッフも地元の人が大半だった。日本側の俳優は三國連太郎、ショーケン、私。

小さな島国に住む日本人は、外国人に気を遣う。いい習慣だが度が過ぎるとみっともない。

ある日、カメラを載せて移動車を走らせる微妙なシーンの芝居があった。そ

『雨のアムステルダム』　©1974 TOHO CO., LTD

の日、蔵原惟繕監督が、素敵なピンク色のワイシャツを着ていた。その姿はめっぽうステキだった。外国人スタッフの中で、移動車押し専門の裏方さんが感極まったように叫んだ。

「監督。いいですね、そのワイシャツ。ピンク色、素敵ですよ！」

人のいい監督は嬉しそうに、確か、その場で脱いで、その移動車押しの人にピンク色のワイシャツを献上したのだった。

（チョッと、そこまでしなくてもいいよ）と私は思ったし、日本側スタッフの中でもそう思った人がいたに違いない。

俳優陣の中に、フランスの名優アラン・キュニーがいた。彼はフランスでも特別な待遇をされていた。確かではないが六十四、五歳になっていたと思う。日本の製作者側は、彼をいい時間帯で撮影するように気を遣った。

あおりを食うのは日本側の俳優である。私はとんでもない早朝から出演して、出番のない長い時間、彼の撮影が終わるまで待たされた。

そんな状態が続いたある日、ショーケンがいきなり、いつもスケジュール表を作っている、日本人プロデューサーの胸倉を両手で摑《つか》み、押し倒した。

「岸惠子をいつも待たせてどういうつもりなんだ！」

と、その場で言ったかどうか忘れたが、後で私に説明したのを憶えている。

こういった行動が、ショーケンの評判を悪くしていた。

アラン・キュニーの高飛車に見える態度も日本側は気になっていた。キュニーは教養高い知的な人だったが、言葉が通じないスタッフに囲まれてやりづらかったのかも知れない。

外国人との共同作業は難しいものなのだ。言葉で説明するのが得意ではないショーケンの弱点が出てしまった事件だった。いつも自分のためではなく、その状況に抗議するものだったが、表現の仕方が不器用で下手だった。

そんなショーケンに三國連太郎さんが色々と「教育」をしていた。アムステルダムのホテルではいつも三人いっしょに食事をした。

ある時、三國さんが、真剣になって、チグリス・ユーフラテスの話をしだした。二つの大河に囲まれた三角地帯、メソポタミア文明の説明だったと思う。（えっ、それはちょっと無理だよ！）と私は思ったが、ショーケンは夢中になって聴いていたし、三國さんを師としても尊敬していた。その二人の仲は見ていて過剰なところもあったが、なかなかよかった。

ある日曜日、結婚していた（結婚前だったかも知れない）モデルの小泉一十三さんがショーケンを訪ねてきた。珍しく四人で囲んだ昼食だった。

食事後、三國さんがまたショーケンへ小難しい説教とも、お話ともとれる長い時間を費やしだした時、一十三さんというその美しいモデルさんが席を立った。

「せっかく、アムステルダムに来たのだから、わたし、美術館へ行ってきます。ムンクの『叫び』があったと思うので」

せっかくの日曜日、わざわざ会いに来てくれた彼女をショーケンはあっさりと送り出した。三國さんの話をそれほど大事に思っていたのか……私だったら一緒にムンクを観に行くのに！　と思った。

事ほど左様に、ショーケンは三國連太郎さんの話や忠告を自分の糧にしようとしていた。

それにしても、恋人がよく変わった。熱愛していた一十三さんとの結婚はたった三年で終わりを告げた。もったいない！　と私は思ったが、次から次へとショーケンに夢中になる女性が現れた。

そして彼女たちはすべてセンスと頭がよかった。ショーケンの趣味がよかったのかも知れないし、優れた女性たちにもてる人間性を持っていた。恋人が変わる度に、ショーケンも夢中になった、と思う。一度に何人もでは決してなかった。

ある日、そのショーケンから電話がかかった。

「おねえさん、今日、倍賞美津子さんと食事するんだ。二人っきりだと目立つから一緒に来てくれる？」

と言って迎えの車を回してくれた。いつ頃のことだったのか憶えていない。美津子さんとは共演したこともあってこの食事は楽しかったし、私は倍賞美津子さんのファンだった。美津子さんを私はミッコちゃんと呼んでいた。

食事の後、

「おねえさん、送っていけなくて悪いんだけど……」

とすまなそうに言って、ハイヤーを呼んでくれた。ショーケンの律儀なところだった。

この人となら絶対にうまくゆく、と思っていたのに……それがダメになったのがいつだったか知らない。

ヴァイオリニストの恋人の前橋汀子さんとは、かなり長く続いて、私が赤坂に借りていたマンションにも連れてきた。前に話した松原小幸さんも同席していて、料理上手でもあった彼女がありあわせの物で食事を作ってくれて前橋汀子さんも一緒に食べた。

　恋人ができる度に私に会わせたがる癖があった。この人がミッコちゃんとの前だったか、後だったかの覚えもない。

　この頃、ショーケンは私の家から車で十分もかからないところに凝った家を建てた。

「おねえさん、見に来てくれる？」

と言われて行った家は、いかにもショーケンらしい凄い家だった。凄さに彼独特のアンバランスさが出ていた。

　床はすべて黒曜石。サロンと言えばいいのか、応接用の大広間と言うべきなのか、案内された広い部屋に入って話を始めたら、ビンビンとこだまになって返ってきた。

「どういう建て方をしたの？　話も出来ないじゃない」と言った私に返ってき

た言葉に笑いが止まらなかった。

「彼女のさ、ヴァイオリン練習のために建てたんだけど、言われちゃった。こだまがひどくてヴァイオリンどころか、話も出来ないってさ」

ショーケンらしいエピソードだと思った。

とは言え、私はまだ少年らしさの抜けない青年だったショーケンしか知らない。大人の男になった彼を見たのは、ずっと後になってからだった。


ショーケンに関して彼の女性関係ばかり書いているようだが、彼は、いつも私にその時に愛している女性のことを褒めちぎっていた。私は彼の悪評判も聴いていたし、悪いととられてもしかたがないところも多々あった。

けれど、俳優としての彼は、幾度も演技賞を獲得しているし、彼独特の良さを持っていた。大胆なふてぶてしさ、野太いのに、儚《はかな》い切なさや繊細さも併せ持った類いまれな人材であった。

私が見た映画は、『青春の蹉跌《さてつ》』と『誘拐報道』の二本しかない。

前者では『キネマ旬報』の最優秀主演男優賞、後者ではモントリオール世界映画祭で審査員賞を獲得している。


私の記憶は前後しているに違いない。

ある年の大晦日、暮れきった裏門から、ショーケンが入ってきた。

「おかあさん、初詣に行こう！」

その時、私もパリから帰っていた。

「なんだ、おねえさんもいたの。じゃ、みんなで行こう」

「どこへ？」

「鶴見の總持寺《そうじじ》へさ。ここからいちばん近いお寺だろう」

ショーケンは和服姿だった。茶色の極上の紬《つむぎ》を纏い、首に薄茶色のカシミアのマフラーを巻いて、へっぴり腰でずかずかと上がってきた。

なぜへっぴり腰だったのか、これこそがショーケンなのだ。高いであろう紬を着た自分を見せるのが気恥ずかしいからだ、と私は思った。そうした彼のセンスを私は買った。

そして思った。着るもののセンスと人を思い遣るセンスが、この映画界でも抜群だ、と。

この時の彼の思いがけない発案で、その時私の家にいた五、六人のみんなを連れて、賑やかに横浜は鶴見の總持寺へ初詣をした。ショーケンと私は瞬く間に人々に囲まれ、大騒ぎになった。

こうして、私の家に度々来たり、一緒に出掛けたりするので、「あの二人恋し合っているんじゃないか」などと、とんでもない噂《うわさ》があったらしい。そりゃないだろう！　たしかに愛はあった。友愛とか、姉弟愛というべきものに似ていた。

残念なことに彼の悪評は、振る舞いに気持ちを表すことが特別に下手だったせいである。

「俺、勉強してないからさ」とよく言っていた。それもあるだろう。

ある時、よく変わる恋人に呆《あき》れ果てて思わず言った。

「いい加減に結婚したらどうなの。あれほど素晴らしい一十三ちゃんとはたった三年で別れちゃって‼」

私の言葉に彼は縋《すが》るように言った。

「おねえさん、探してくれる？　俺に来た脚本の漢字にカナをふってくれる人！　俺、読めないことがあるんだから……」

一度、ショーケンが書いた短いエッセイのような、殴り書きのようなものを読んで驚いたことがある。漁師町での寸描だったと思う。

《行く時は、イワシの眼がオレを見ていた。むしろのようなものの上に干してある沢山のイワシだった。その目がオレを見ていたのに、帰る時には、目はオレではなく海を見ていた。干した人が、ひっくり返したんだろう》

もう一つのショーケンを見たような気がした。

「ショーケン、本気で物を書いてみたら?」

「ダメダメ。俺、漢字読めないし書けないから」

こんな時のショーケンは淡々と、さっぱりとしていて気持ちよかった。

思えばショーケンという人物は、幾度も演技賞を貰ったし、その数ほどの逮捕もされた。大麻不法所持で、一年間も牢獄生活を送った後、私の母に頼んだそうなのだ。

「おねえさんは当分パリでしょ。俺の家はマスコミに知れていて、取材の連中が絶えないだろうから、離れのおねえさんの部屋に住まわせてくれないかな」

驚いたことに母は断ったそうである。

『ベコ』の章で書いたように、私の結婚が失敗で、パリで生活費を稼いでいる、というとんでもないデマゴギーが流れたため、母はマスコミという言葉だけで竦《すく》みあがったのだと思う。がっかりしたショーケンは、京都・嵯峨野にある瀬戸内寂聴さんを頼った。よかったと思う。

寂聴さんはショーケンに仏教というものの真髄を彼女流に伝えてくれたという。もともと、神や仏に心が揺れていたショーケンは寂聴さんによって、その思いを浄化されたのだと私は思った。一九九三年に、四国八十八箇所のお遍路参りをしたのもその結果ではないのか？

私はその頃のショーケンに会っていない。

牢獄生活の後、私の家に隠れ住みたかったのに、母に断られてからは、おねえさんチは気軽に行けるところではなくなったのかも知れない。


ＴＶの仕事で私が東京のホテルオークラに泊まって、翌昼頃、会計をしていたら、「恵子さん」と遠くから呼ぶ声がして振り向いたら、何年も会っていないショーケンだった。彼が私を恵子さんと呼んだのは、この時が最初で最後だった。走り寄って来たショーケンは、まるで兄貴のような様子で言った。

「年を考えてあまり無理な仕事するなよ」

そのショーケンは立派に男の顔をしていた。

「何年振りだろう！」と懐かしがった私に、ちょっとしわがれた声で「じゃあな」とだけ言って駆け去った。

これが、母の棺に手を合わせてくれた時の少し前だったと思うが確かな記憶はない。

歳月は流れながれて、二〇一九年の春まだ浅いある朝、「ショーケンさんが昨日、亡くなったそうですよ」とお手伝いのスミ子さんが言った。

「え……?」

私は言葉を喪《うしな》った。

「六十八歳だったそうですよ」

ショーケンが六十八歳……私は二十年近くも会っていないのか。六十八歳という初老のショーケンを私は思い描けない。

「ショーケンさん、喉に腫瘍があったそうですよ。病名は、難しくって思い出せません」と彼女。

「パリまで行っておねえさんの旦那さんにちょっと診てもらいたいんだよ」と言ったショーケンを思い出した。「俺の声、時々ヘンだと思わない?」と内緒ごとのように言ったショーケンをまざまざと思い出した。

茫然と見上げる空は薄雲に覆われていた。その薄っすらとした雲の間に、ショーケンが浮かんだ。

『約束』出演のため、私が空港に降りたった時、「俺、関係ねえヨ」とでも言いたげに佇《たたず》んでいた、少年とも青年とも見えるショーケン。

思いなしか、流れながれてゆく薄雲の間に一条の光が降り注いだ。その光にへっぴり腰で立っているショーケンが遠い声で叫んだ。

「おねえさん。年を考えろよ、あまり無理すんなよ」

しわがれたその声が、薄雲とともに流れながれて消えてゆく……。

巴里で読んだ『竜馬がゆく』　父と司馬遼太郎さん

私の父の本家は、神奈川県厚木市の上荻野という田舎にある江戸時代からの旧家。その本家を訪れたのは、第二次世界大戦が激しくなり、児童に強制疎開が発令された時だった。

本家に足を踏み入れた途端、小学生だった私は驚いて足が竦んでしまった。その威容、風格。顔が映りそうに黒光りに磨きあげられた長い廊下、しーんと静かな幾つもの部屋を見て、思わず父にしがみついたのだった。生まれ育った、海が見えて明るい横浜の山の上とは似ても似つかない佇まい。立派すぎ、長い歴史が幾層にも重なってそこここに翳を潜めているようで怖かった。結局、私は分家にあたるらしい父の弟の家に疎開をした。

そんな私を笑いながら、父は少年時代に思いを馳せ、目を輝かせて語るのだった。

「祭り事があると村人をあつめて大凧《おおだこ》を揚げたんだ。凧の両端に男が一人ずつ乗って、村人たちが威勢のいい掛け声を上げながら、綱引きの要領で大凧を風に乗せて空高く揚げる」

「うっそォ」と私は叫んだ。男が二人も乗った凧が揚がるわけない！

凧揚げが終わると、本家の庭で樽酒《たるざけ》を割って村人たちに振る舞ったのだそうだ。「ご馳走《ちそう》も沢山あって……。あの賑わいと和気あいあいはどこへ消えちゃったんだろう」。父の懐古的な、でも心から懐かしげな様子が印象的だった。

それから何十年も経って、パリで禅の道場を開いた、弟子丸泰仙《まるたいせんし》師が書いてくださった、亡き父の戒名に向かって呟いた。

「お父さんが好きだった司馬遼太郎さんに、大凧のこと訊いてみようかしら」

とはいえ、あの大作家に私ごときがこんな些細なことで質問をする無謀に怯《ひる》んでいた。ところが、その頃『ベラルーシの林檎』を書いていた私の朝日新聞社の担当編集者が、司馬さんの担当でもいらして、気軽に訊いてくれたのだった。そして、大凧揚げは、田園にある豪族はよくやったもので、凧の下のふとい丸太の両端に人を乗せた、とお返事をいただき、私に直接お電話さえしてくださったものだった。穏やかで親しみの籠もった声が、今も胸に残っている。

大凧に男が乗る話をきいて、「うっそォ」と子供の私が叫んだのは、父を知らなすぎた。父は嘘をつかない、というより嘘をつき、話をちょっと面白くして人を楽しませるという「しゃれっけ」などまったくない男なのだった。琵琶《びわ》を弾き語り、いい声で小唄を謡い、碁に興じ、勤務先の神奈川県庁にテニス部

最晩年の父・操。パリへ発つ前に横浜の自宅にて

を作り、長いこと「岸杯」まで設けていた趣味人の父は、世俗的な出世とか蓄財には無関心の人だった。

話を五十五年も前の一九六九年に戻す。

「恵子の住むパリへ行ってみようかな」

父がぼそっと呟いたのは、もしかしたら父自身、自分の寿命を知っていたのかも知れない。その半年ほど前から二度ほど玄関先で倒れ、一度などは、意識が戻るまでに数分かかった、との母からの便りで、私はパリから飛んで帰っていた。

父は医者嫌いだったのか、人間は自然に滅んでゆくのがいいと思っていたのか、医者にかかったことのない人だった。母と私の懇願で、パリ行きの前、大学病院で検査をしてくれた。家族ぐるみで親しくしていた近所の医者に、私だけが呼ばれた。

「お父さん、パリに行ったら、もう帰って来られないよ」

一瞬の後、私はほぼ即断した。

「パリの私を見て安心して、喜んでくれる父を、家族みんなで囲んで見送ります」

その私をじっと見て、医師は頷いてくれた。その年のクリスマスに、私たち親子三人はパリへ向けて発ったのだった。飛行機の窓から見える、二度と見ることのないだろう日本の夜景に、父は涼やかな眼で見入っていた。私の胸に熱いものが溢れた。

母には父の余命を報せなかった。私の夫ならやさしく看取ってくれると信じたのだった。

ナチス占領下のパリで地下運動からノルマンディー上陸作戦にも加わり、若き軍医として多くの命を救った夫は、16ミリのカメラを渡されてヒットラー邸瓦解時のドキュメントを撮ったことがきっかけで映画の道に入ったのだった。ド・ゴール将軍のパリ凱旋《がいせん》までを記録したその映画は、戦後『栄光の仲間たち』として公開され、大ヒットした。でも彼は、終生名医だった。

クリスマスに羽田を発った父は、世界一美しいと私が思う、シャンゼリゼ大通りのイルミネーションに歓声をあげ、その賑わいがまだ消えやらぬ、年明けの一月十一日に倒れたのだった。夫の手厚い看護のもとに蘇《よみがえ》りはしたが、若い時から病んでいた胸と、そのうえ腎臓と肝臓疾患まで併発して、時々昏睡状態になったり体を捩《ねじ》ったりするほど苦しみもした。夫はその都度付ききりで苦痛をやわらげてくれた。

娘の学校がバカンスに入った頃、父に小康状態が訪れ、パリから百二十キロ南に建てた別荘の、空気のよい、のどかな環境に移ることを夫が提案し、その地で父は幸せなひとときを過ごすことが出来た。たった一人の孫娘と網を持ってアゲハ蝶《ちょう》を追いかけたり、池の真鯉を掬《すく》ったりする父を見て、母は奇跡を信じたようだった。

それが、死にゆく者に天が与える束の間の安らぎと悟ったのは私だけではなかったようだった。パリの家を出る時に、去ってゆく部屋にひとり立ち、窓に広がる街を見下ろしながら低い声で「さよなら、パリの家……、さよなら」と呟いたのを、偶然通りかかった私は聞いてしまったのだった。

別荘で疲れている母と交代して、安らかな寝息を立てる父の部屋で本を読んでいる私に、突然声がかかった。

「何を読んでいる？」

「あ、眠っていなかったの」

私が本の名を告げると、少し弱くなった声で父が言った。

「ぼくが日本から持ってきた『竜馬がゆく』を読むといい。元気が出る……」

言い終わった父はもう、少し乱れた寝息を立てていた。

坂本竜馬……。そういえば、土佐の長曾我部家の滅亡を描いた、『夏草の賦』をくれたのも父だった。いつ、ふつりと途絶えるかも知れない父の命に怯《おび》えながら、司馬流の脚色交じりで綴られてゆく『竜馬がゆく』の明るさに、私は救われる思いですがりついたのだった。

三つの重い病魔に冒された父は、夫の裁量で、医学校時代からの親友が持つ、郊外にある明るい病院の一室に移った。

膵臓《すいぞう》は末期癌《がん》であったに違いないのに、父は苦しまなかった。病室には、錚々《そうそう》たる名医たちに交ざって、白衣を着た夫がいた。窓一杯にひろがる爽やかな秋晴れの午後、私たち家族に囲まれた父は、ほんの少しやつれた顔に笑みを浮かべ、「ありがとう」と言った。父の最期の言葉だった。

父の顔は美しく静かだった。仏になったから、という静かさではなく、ちょっと息を止めてみたら、違う国に来たようだ……というおどけさえ浮かんだ、忘れることの出来ない笑みだった。

セーヌ河畔のベンチにて　中曽根康弘さん

私の自宅があるサン・ルイ島はパリ発祥の地とも言われている。昔は牛しかいなかったセーヌ川に浮かぶ小さな島であったらしい。今ではどういうわけか高級住宅地とされ、有名人などが好んで住むが、建造物は四百年以上も経ってひしゃげている。

離婚後、ここに住まいを選んだのはスノッブな雰囲気に惹かれたのではなく、一軒のアパルトマンなのに、娘と私の住居がドア一枚で分かれていて、玄関へ上がる階段も別。共に住む母娘にも、自由も独立も大事にしたい私たちには、これが決め手となった。

数年前には同じ建物の二階の住宅の大部分が階下の大サロンに崩れ落ちた。私は三階（日本式では四階）なので難を逃れたと思ったが、修復工事は全住人が所有面積に従い工事費を払うことになり吃驚仰天。凄い出費だった。


家を出て一分足らずも歩くとセーヌ川に出る。

河畔に樹々の美しい散歩道があり、所々に、緑に塗られた背もたれ付きのベンチがある。その一つがお気に入りなのだが、その日、そのベンチには先客がいた。若いカップルはこれが今生の別れ、とでも言いたげにぴったりと寄り添い、涙混じりの繰り言を、二人が同時に喋《しゃべ》っていた。

私は隣のベンチに腰を下ろし大樹が作る枝葉の茂みの陰で本を読んでいた。

視線のはずれにずんぐりとした人影が右へ左へよろけながら近づいてくるの

が入る。私の目の前で止まった人影は揺れながら強烈な息を吹き付けてきた。

「ボンジュール、マダム。悪いけどサ、あんた隣に引っ越してくンないかい。ここは三十年前から俺ンチなんでネ」

しげしげと見上げた顔は、よくすれ違うホームレス氏。私の読みを見透かしたように彼は胸を張った。

「今どきの人権なんとかでホームレスたあ、人聞き悪い。俺のホームはこのベンチ。れっきとしたルイジアン、この島の住人でさア」

ここで一息入れたおじさんは、よろめきながら胸を張った。

「俺はクロッシャー（ルンペン）・ド・サン・ルイ、ってわけよ」

まるで、「俺はシラノ・ド・ベルジュラックよ」と言ったような風格であった。よろけながらも隣のベンチに恋の語らいがあるのを見ると「けッ」と笑った。

「じゃ、こっちも二人連れといくか。マ、狭いわが家へようこそ」

飲みかけのブドー酒の瓶を突き付けられて思わず顔を顰《しか》めた。私はかなりの勇者ではあるけれど、ホームレスのおじさんが垢《あか》で真っ黒に光った手で差し出す、口飲みをしたに違いないブドー酒のラッパ飲みには少し怯む。

「ヘッ、上品さんは不便だね」

おじさんは使用済みであろうくちゃくちゃの汚い紙コップをポケットから出す。こうなったら飲《の》まざぁなるまい。ブドー酒というより、柘榴《ざくろ》色の酢のような奇っ怪な飲料水に私の胃がキュンと縮む。

空は青く、飛行機雲が美しい。セーヌ向こうの左岸に聳《そび》える「アラブ世界研究所」の高名な窓ガラスが陽光に輝く。最新式技術で光線が柔らかくコントロールされているのだ。

「あれはさ」とおじさんご機嫌であごをしゃくる。

「俺サマのお蔭《かげ》で建ったンだぜ」

「えッ？」

「金を出したのはアラブの殿サマだけどサ、職人たちがちょっとでも怠けようもんなら俺ンチから丸見えよ。駆けつけて現場監督の尻をひっぱたいたのヨ」

おじさんは誇大妄想の世界に入る。

「落成式の日、殿サマが俺ンチまで礼を言いに来てサ」

うん、うんと私は大法螺《おおぼら》につき合う。

「ハーレムって言ったけ、居並ぶ美女のうち気に入ったのを俺の嫁さんにくれるって言うんだよ」

ここまでくると虚言も芸術である。

「で？　選んだの？」

「断ったヨ」

「もったいない」

「だって、みんなたっぷりと肥っちゃってさあ。タイプじゃなかったね。俺サマにだって、美意識ってものがある」

笑い転げる私におじさんちょっと鼻白む。

「言っちゃ悪いけど、あんたみたいに細っこいの、アラブじゃ女の数にも入んないよ。もっとゆさっとこなくちゃね」

「何が？」

「胸とか尻とかが、歩くとゆさっゆさっと揺れるのが美女ってもんだとさ」

「そんな美女は願い下げだわ。自慢じゃないけど、胸もお尻もゆさともしないわ」

「よかったねえ！」

おじさんはぴしゃりと私の背中を叩き、二人は楽しい時間を過ごした。

その日から私たちはちょっとオツな関係になった。

おじさんは五十代に見えたが、見かけより若いに違いない。だが、顔を覆う縦横無尽の皺《しわ》の底までがブドー酒で赤銅色に灼《や》けている。

我がサン・ルイ島には、四人のホームレスがいて、私は彼らをサン・ルイ島の四天王と呼んでいる。四人とも個性的で一緒に群れたりはしない。他の三人は時に物乞いをするが、私のおじさんは、酔っぱらってはいても、毅然《きぜん》としている。

「俺だって、たまには仕事ってものをするのさ」

と言っていた。この姿で何の仕事が出来るだろうと訝《いぶか》しんだ。

「本宅はこのベンチだがね、他に別宅が二つもあるのサ」

と威張ってもいた。別宅の一つがここから遠くないヴォージュ広場だと私はすぐに勘ぐった。そこは広々とした公園になっていてベンチもあり、随所に据えてある大きな屑物入《くずもの》れを物色すれば、読了後捨てられた新聞・雑誌、あらゆる読み物に事欠かない。

だからおじさんは、世の中のあらゆる事情に長《た》けていた。常人より高いインテリジェンスを持っていたし、物識《ものし》りなだけではなく、人情家で笑いのセンスもある、群を抜いた個性派だった。


フランスの街には、地下鉄《メトロ》の線路に沿って、道路に粗い穴のあいた長方形の排気口があり、そこに地下鉄から生ぬるい空気が噴き出し、冬場にはホームレスの快い寝床になっているが、おじさんの三番目の別宅は、そこなのだった。

おじさんとねんごろな仲になってから、どのくらいが経っていただろう……。

ある厳冬の大晦日、寒さに震えるホームレスを一人、また一人と、暖房の効いた仮設所へ移動するように援助隊が出た。これらはフランスが誇る「自由、平等、博愛」の精神だろう。

サン・ルイ島を出たところに「ポン・マリー」というメトロ駅の排気口がある。そこでうずくまっていた一人が言ったという。

「ありがとよ。でも、ここにいるよ。ここがおいらの家なんでね」

翌元日の明け方、凍死していたホームレスのことが新聞に載った。

私は、その人こそがあのおじさんだと胸が詰まった。


生前のある日、『パリ・マッチ』という雑誌を振り回しながら、おじさんが私に自慢をした。大学で哲学科を出た知的で素敵な若い女性の写真が大きく載っていた。

「あのトントン・フランソワ（ミッテラン元大統領の綽名。トントンとは小父《おじ》さんの俗語）にこんなにステキで別嬪《べっぴん》の娘さんがいたんだとさ。おまけにそれを隠しもせず、ほれ、ジャポンとかいう国の天皇《アンプルール》が来た時、エリゼ宮でやった晩餐会《ばんさんかい》に、本妻が出席しているのに、その娘とおっかさんも同席させたんだとさ」

「知らなかったわよ」

「あんたが知るわけないだろう」

「でも、私……そこに居たのよ」

おじさんは、けッ、と笑った。

「法螺はおいらの専売特許でね。簡単にまねされちゃ困る芸なのさ」

それからしばらく私を打ち眺めて、吃驚して言った。

「そういやぁ、あんたジャポンって国の人かい？」

「今ごろ、気が付いた？」

「パリに住む日本人を全部招《よ》んだら、エリゼ宮が破裂するよ」

おじさんとの仲を邪魔立てすると思われる自分の素性は話したくなかった。

「それともあんた、招待状を貰うほどのちょっとした日本人なのかい？」

「ま、そんなとこ……」

ちょっと間が悪くて、おじさんがやけに感心している間、私は問題の記事を読んだ。

「ミッテラン大統領に恋人がいるって聞いていたけど、相手との娘さんをよくぞ『パリ・マッチ』になんか取材させたわね」と私。

「そこが俺っちの国の、デモクラシーってやつよ。政治家が何人愛人を持とうが、国のためにいい政治をやってくれればいいのさ。やれ、愛人だとか不倫だとか騒ぎ立てるなんざ野蛮で、だいいち粋《いき》じゃねえよ」

おじさんいい線いっている！

「そういや、お宅の国の大将はよく変わるね。名前覚えている暇もなくてサ、みっともないよ」とおじさん。

「まったくだ！」と、私も応じた。

「ナカソーネだけだね。こないだ、ソルボンヌ大学で、フランス語で演説したときゃあ、驚いたね。そりゃ発音なんか滑らかじゃなかったけど、当たり前だろ？　どこの国の大将が、東京へ行って日本語で演説出来るかよ！」

「おじさん、聞きに行ったんだ」

私はしみじみと感心した。

ちょうどこの時、時のシラック・パリ市長と来仏中の元首相・中曽根康弘さんが、「オテル・ド・ヴィル（市庁舎）」で開催する『演説会』の招待状を持っていた。長年のパリ暮らしでも日本に関してのニュースは見たり読んだりしていた。何といっても日本は私の祖国である。

だが、政治家という種族に好感は持っていなかった。

中曽根さんの前に、時の日本総理・鈴木善幸氏がパリへ来訪し、日本大使館で歓迎会があった。総理一団が入場する十分前に大使館に着いた私を親しかったその時の大使夫人がなじった。

「恵子さん！　遅い。皆さん一時間近くも前からいらしているのよ」

「なぜ一時間も待たなきゃならないの？」

見ると、サロンに行列をつくっている人たちの前に立て札があった。文化人、芸術家、ジャーナリスト、芸能人、と枠組みが出来ていた。私は芸能人と区別されたようだった。日本人の生真面目さと仕分けの好きな体質に驚いたものだった。

やがて、鈴木善幸氏と取り巻きの偉そうな政治家たち一行が入ってきた。

「あッ、真知子さんがいる！」

おエライ方たちは隊を崩し、私を囲んで次々に記念写真を撮った。私の肩に腕を回した人までいた。

今の方々に、まだ『君の名は』の反響が蔓延《はびこ》っていた大昔の話をするのは気がひけるけれど、これは本当のことなのデス。

その政治家一団はパリの次にはイタリアへ行った。

仄聞《そくぶん》するところによると、大事な「記者会見」は、日本のジャーナリストのみ相手の会見だったという。時が経ち私の記憶は違っているかも知れない。けれど、この経験は、私に日本の政治家に間違っているかも知れないある種の偏見を植え付けた。

「シラック対中曽根康弘の演説会」に行くのをためらっていた私がおじさんの影響で、その日「演説合戦」に早々と行って、かぶりつきの席に陣取った。はじめはシラック市長だった。

話は生真面目でつまらなかった。いかにも超エリート校ＥＮＡ（国立行政学院）出身の政治家らしく、面白くもおかしくもない原稿を読みながらの演説に、聴衆はお行儀よく退屈していた。

中曽根さんの番になり、演台に上がった彼の背丈の高さにびっくりしたし、ちょっと緊張した。（私、やっぱり日本人だな）と思った。並み居る聴衆はフランス人と日本人が半々だった。

中曽根さんは、控えている通訳者に囁《ささや》いた。近くの席にいた私にそれが聞こえてしまった。

「すみませんが、原稿破棄してください。アドリブでいきます」

シラック氏の演説に退屈しているのを見てとった彼の即断に、私は感心した。

中曽根さんは、まず若い頃観たフランス映画から話をはじめた。シラック氏の四角四面な硬さに対して、にこやかでリラックスしていた。

演説のはじめに出た『天井桟敷の人々』や『舞踏会の手帖』は私も感動した映画だった。ところが若い通訳者は、映画通ではないらしく「えっ？　えっ？　え？」とうろたえた。

中曽根さんはその様子を見て、「失礼、世代が違うかな？」と日本語で小さく言ってから、一言ひとこと区切って、見事なアクセントで言った。

「『Les《レ》 Enfants《ザンファン》 du《デュ》 Paradis《パラディ》（天井桟敷の人々）』、『Un《アン》 Carnet《カルネ》 de《ドゥ》 Bal《バル》（舞踏会の手帖）』などは素晴らしかった」

滑らかなフランス語に聴衆は沸いた。日仏半々の聴衆を思ってか、それからの演説は、日本語になったりフランス語になったりした。

「日本には下手の横好きという言葉がありましてね。これは日本の滑稽な習慣ですが、私も風呂に入ってアタマに濡れた手ぬぐいをのせて、とびっきり下手くそな『枯葉』を歌うんです。だから、イヴ・モンタンは私にとっては、雲の上の人、幻の師匠です。その遠い憧れの人に、今の私が、たった一言《ひとこと》言いたいことがある……」

ここで中曽根さんはちょっと間をとった。絶妙な間であった。

「政治はそんなにかんたんなものじゃない」

会場は割れんばかりの拍手であった。

ここでちょっと説明が要る。この時、イヴ・モンタンは次期大統領選に出馬するという噂が立ち、賛否両論でフランスは大騒ぎだった。この頃、ＮＨＫのキャスターを務めていた私も彼の家にまで入れてもらってインタビューをしている。

大スターの自宅のサロンでインタビューという特別待遇は、親しかった亡き奥様、大女優シモーヌ・シニョレの舞台衣裳の選択を私が受け持っていたことがあると思う。流石《さすが》に評判の悪い大統領選出馬に関しての質問はしにくかった。

でも、してみたように思う。

モンタンは質問には答えず、低い声で『抵抗の詩』を歌ってくれた。歌オンチの私も一緒に和して、いいTV番組になった。


中曽根さんのスピーチに戻ると、洒落あり、皮肉あり、愛嬌あり、時の話題をさらっていたイヴ・モンタンを軽くからかったりで、断然素晴らしく、満場の聴衆の爆笑と喝采を浴びた。

私の知る限り、パリという強面《コワモテ》づくしの人々が住む都会《マチ》で、日本の政治家が、そのトンチと、時々交える朴訥《ぼくとつ》なフランス語で、錚々たる聴衆を沸かせたのは、その前も後も皆無である。

フランスのマスコミが絶賛したその中曽根元首相の快挙を、私が知る限り、日本の新聞は一行も書かなかった。パリ在住の日本特派員のほとんどが揃っていただろうに……。

その上、おじさんが褒めちぎっていたソルボンヌ大学でのフランス語演説を、「下手なフランス語で……」とか、「目立ちたがり屋……」と書いたのを憶えている。

私は日本民族の肝のささやかさを嘆いた。目立ってくれなきゃ、国民の税金は無駄になるよ、と思った。

「日本では皮肉っぽく『風見鶏』という評判もあるのよ」と私はおじさんに言った。

「一国の大将が風も見ないで突き進んで、船が転覆でもしたらどうするんだよ」とおじさんは言った。

「まったくだ！」と私は返した。

日本に帰った時、これらを話したら、ある日本のジャーナリストが言った。

「とんでもない！　彼の素晴らしさを買う人も沢山いますよ。政治家としての資質、能力の高さ、駆使するレトリックや、歴史的エピソードを取り込む話のうまさ……。ただ彼は日本的ではないんですよ。日本はまだ、情緒的に言って『男は黙って勝負する』の世界なんですよ」

（政治家に黙って勝負されたンじゃたまらない）と私は思った。

「演説合戦」のあと、日本大使が催したお疲れさま会で、私は中曽根さんの隣に座った。この時の彼の話が当意即妙でとても面白かった。

残念ながら時が経ちすぎて内容を思い出せない。

ただ鮮やかに思い出すのは、セルフサービスだった席から、ボーイさんも煩わせず彼は自ら三回も、長いテーブルに山盛りに並んだ山海の珍味を取りに行った。「よく、召し上がりますね」と驚いた私に彼は笑った。

「長いことローヤにいましたからね。腹が空《す》いています」

政府をローヤと称したことに感心したりもした。

三回目のお皿は大盛りのカレー・ライスで、中曽根さんは「美味《うま》い！」と言ってパクパクと食べた。

このセルフサービスの会と、翌日、日本大使夫妻が招待してくださった、巴《パ》里《リ》随一のレストランで催された、中曽根康弘ご夫妻と私の五人だけの晩餐会で中曽根さんがどれほど素晴らしい話をしてくださったか……。私は、中曽根さんの深い教養と、それを大衆に何気なく、分かり易く流布できる大天才ぶりに遅まきながら感じ入っていた。

その私に、二〇〇九年九月十五日、と日付まである『中曽根康弘句集　二〇〇八』を、「岸惠子さんえ」と自筆サインを添えて送ってくださった。

秋天下白波群れて島を攻め

最初の一句である。「昭和十二年頃、静岡高等学校伊豆旅行」とある。
さらにページを繰ると、

暮れてなほ命の限り蟬しぐれ

昭和四十九年　西多摩郡日の出村　日の出山荘

稲妻が照らす孤独の大統領

首相時代　雷雨のパリー祭　ミッテラン仏大統領と共に

ポプラの葉銀をまぶして風薫る

同七月、フランス、モネの家

とあった。

「おいらが言ったろう。あれほどの宰相はたいしたものだって」

と、あの世のおじさんが威張って言っているのが私には聞こえる。懐かしさで胸が湿ってくる。

可笑しなことに、中曽根さんを思い出すと、セーヌ河畔のベンチで肩を叩き合った、素敵に可笑しいホームレスのおじさんが出てくる。

ごめんなさい。組み合わせが妙でしょうか……？

『俺は、君のためにこそ死ににいく』石原慎太郎さん

二十四歳という若さの私が、スターという地位を捨て、祖国ニッポンも、両親も、映画も、愛したもののすべてを捨てて、フランスの医師であり演出家でもあったイヴ・シァンピに嫁ぐことになったのは、海外旅行が自由化もしていなかった六十七年もの昔のこと。驚いたいろいろな人たちがグループを作って、幾つかの送別会をやってくれた。

今から話すのは、その映画人ばかりの集いである。木下恵介監督や小津安二郎監督を交えて、佐田啓二さん、有馬稲子さん、久我美子さん。最後の映画に

なった『雪国』で共演した池部良さん、八千草薫さんと華やかなメンバーだった。

会が盛り上がった時に突然、歯に衣を着せないことで有名だった巨匠・木下恵介監督が言った。

「例えば梅の花が咲いた小枝を映したいと思ったら、映しゃぁいいんだよ。それを障子に影を落として、斜に構えたアングルなんてぼくは買わないね」

「おい、それ、おれのことかい？」と間が抜けた笑顔で問い質《ただ》したのは、これも大巨匠・小津安二郎監督だった。

「あんたじゃないよ。ほれ、この人が主役をやった映画でサ……」

「ああそうかい、おれもやりそうだからな」と小津監督は笑った。

木下監督が言ったこの人、とは私のこと。

ある撮影方法をサバサバと貶《けな》した木下監督と、「それ、おれのことかい？」

と突拍子もなく驚いた小津監督のひょうげた様子に大笑いが起きた。

私の最後になった映画といえば『雪国』。これが映画との今生の別れと思って、持ったこともない三味線を抱え、「勧進帳・大薩摩」を六か月もかかって指先に血豆を作るほど練習して、ミゴトに弾き終わったことが私の小さな誇りなのだ。

はじめのうち、監督の思う駒子と、私の駒子が違い過ぎて、散々ダメ出しをされたが、池部良さんの発案で、ある瞬間を境に、手まで叩いて喜んでくれた大好きな豊田四郎監督。でも、梅の花を障子越しに映したシーンなどあったかしら、と私が不審に思っている時、

「お邪魔します！」

と声がして、見ると二人の素敵な青年が広間の入り口から、もう畳を踏んで

ずかずかと入ってきた。

活動屋臭さのまったくない二人だった。一瞬、誰だか分からなかった。

二人のうち一人は、TV番組『題名のない音楽会』の始祖、黛敏郎さん。この人は当時たいへん人気のあった若手女優・桂木洋子さんの夫で、恋人時代から、当時としては珍しく、こそこそしないで大っぴらに腕を組んで駅のホームや銀座を歩いていたことが素晴らしく、私たち、松竹大船の新人女優たちの憧れの人だった。

でも、もう一人の背の高い美男はだれ？

その人は剛毅《ごうき》ともいえる、静かな殺気を秘めているように見えた。私の隣にいた池部良さんがささやくように言ってくれた。

「石原慎太郎さんだよ。一橋大学在学中に芥川賞を受賞して、いま大騒ぎされている『太陽の季節』、読んでないのかい？」

「読んだ！」と即座に答えた。「好きではなかったけれど」は声に出さなかった。評判になった、男根で障子を突き破る箇所は奇をてらっているようで厭《いや》だった。「最後のくだりはよかった……」、これは声に出した。

招かれてもいないのに、突然侵入してきた二人。

六十年以上も昔のこと、朦朧《もうろう》とした記憶の中でも、彼の印象は鮮烈過ぎた。映画人ばかりの集いに、映画無関係という泰然とした関わり方が好ましく思えたことは確かだった。

この時点で『太陽の季節』は映画化されていたかも知れないが、私が既に見ていたのかどうか記憶はない。

突然の珍客に私のための送別会は流れが変わり、大いに賑やかになった。なぜ私ごときの送別会に顔を出してくれたのか、

「禁止されている海外へ行って結婚する。日本を捨ててまで……。そんな女を

見てみたかった」

と言ったとか言わないとか、あとで周囲にいた人たちが告げてくれた。

（金と女をばら撒いて踏んづけた人だからな）と思ったが、石原慎太郎さんは爽やかな風貌で私に強い印象を残した。今風に言えば、カッコよかった。


私の話は五十年もすっ飛ぶ。

この間、石原さんは、数々の小説も書き、映画にも出演し、政治家になり、東京都知事をなさった。過激な発言や、「俺の職業は、石原慎太郎」などと平然と言った、等々、危なっかしいステキ振りは私が書くまでもない。周知のことである。

この間のいつか分からない時に、旧友たちが『東京の窓から』という石原さんが持っていたＴＶ番組の中で、石原慎太郎さんと私がバーで対談していたのを見た、と報せてくれた。石原さんはかなりのリスペクトを持って私に向き合ってくれた、と聞いたが、残念、記憶にない。

『俺は、君のためにこそ死ににいく』という石原慎太郎さんの脚本を頂いたのは、私が日本復帰後、五、六年が経っていたのだろうか……。

第二次世界大戦の末期、鹿児島県、知覧には特攻隊基地があった。その町で富屋食堂を開いていた、「特攻の母」として知られた鳥濱トメを巡る、若い特攻兵の話である。虚《むな》しく悲しい戦争に笑って死んでゆく少年兵もいた哀れな物語を、魅力的に仕上げた脚本だった。

その頃の石原さんは確か東京都知事をしていらした。言いたいことを豪放に言い放つ態度は、物議は醸したが、言い訳を絶対にしない。骨太の政治家として、若い時とは違う魅力を湛えていた。ご自分では「右と左の真ん中よりちょっと左寄り」と言っていらしたようだが、私はかなりタカ派のように感じた。

彼が書き、プロデュースもするこの脚本は、見事な出来ではあったが、演出と編集によっては、戦争を是とする賛歌になるかも知れない箇所がある……などと悩んだ末、石原さんに臆面もなく面会を申し込んだ。

「お住まいは横浜でしたね」と取次の人が訊いてくれた。

その頃、仕事が立て混んでいて、横浜からだと時間がかかるので、私は赤坂の虎屋の近くに友人のアパルトマンを借りていた。それを知ったからか、そこから近くの赤坂プリンスホテルの旧館を指定してくださった。私の都合を思い遣ったやさしい配慮だと恐縮した。

マネージャーにも遠慮してもらって、私は一人で歩いて行った。

石原さんは数人の男性を伴って約束の時間にきっちりといらした。

私もよく使った旧館のレトロ調の大げさではない会議室だった。

石原さんは口を出さずに、一出演者でしかない私の話をよく聞いてくれた。

口を出す暇《いとま》もないほど滔々《とうとう》と持論を押し出す人と覚悟していた私は意外な思いで快かった。私は脚本についての思惑を遠慮もなく小一時間ぐらい、喋った。「よく喋る人だね」と、周りの男性諸氏に話していたとは後から人伝に聞いた。私が一気呵成《いっきかせい》に喋った、気になったシーンを書き直してくれさえした。

いよいよ撮影開始、という記者会見があり、石原慎太郎さんがトメさんに扮した私を眺めてしみじみと言った。

「若いなあー。それに細くてスタイルが良すぎる。トメさんは、この頃肥えて車椅子にもお尻が入らないくらい太っちゃってたんだけどなあ」

石原さんは笑いながら呟いた。

トメさんは明治三十五年（一九〇二年）生まれである。石原さんと私は、昭和七年生まれの同い年。三十年も前に生まれたトメさんは、終戦の年は四十三

撮影初日の衣裳合わせで

歳。肥った姿は写真で見ていた。

かたや私は撮影時、七十四歳。

「知覧弁で勝負します」と心に誓った。

ところが知覧弁は独特の方言で、鹿児島弁とも異なるという。

音オンチの私が独特だというその知覧弁でどんなに苦労したことか、憲兵隊本部に捨て身で抗議の啖呵を切りに行くシーンは力が入った。ここがトメさんの見せ所と決めていた。

このシーンはモンペ姿のトメさんである私が、夢中で憲兵隊本部玄関前の階段を駆け上がりながらの、虚しく死んでゆく若者たちをよしとする軍隊への必死な啖呵であった。

「憲兵さん。先ほどの返事を聞かせてください。明日死んでゆく若モンに、門限だの、検閲だの、どげんこっちゃな！　あん子らが浮かばれん！　ただ死んでもよかとな‼」

私は涙に震える声で力いっぱい叫んだ。

徹夜ロケの朝方近くだったが、啖呵に怒った憲兵隊長が私に向かって軍刀を抜いた時、敵機襲来の空襲警報が鳴った。私の演じるトメさんは命拾いをしたのである。

その時、夕景から撮影を見ていた大勢の見物人が、わあっ！　と大きな拍手をしてくれた。

「わっぜぇ（よかった）‼」

私は膝がガくがくするほど燃え尽きていた。


上映時、映画館の観客席が涙に溢れた。けれど、潔く死んでいった少年兵の悲愴《ひそう》な虚しさが、どれだけ伝わっただろうか……。

特攻隊の兵士を演じた俳優さんたちはみんな素晴らしかった。

私に付きっきりで知覧弁を教えてくれた徳重聡さん。最後のシーンでは、窪塚洋介さん演じる特攻機での死を全うできなかった兵士が、独り鬱蒼《うっそう》とした山の中で立ち尽くしている。監督の新城卓さんは、この物語を締める大事なカットを、フルサイズで撮った。

ド素人の私が滅法失礼なことを言わせてもらえば、カメラをもっと遠くドン引きにして、辛うじて立ち尽くす「生き残った若者」の姿を滲ませて映した方が「戦争」という悲惨な虚しさが伝わったのではなかったのか……。

私自身は脚本のこのシーンで、敗戦も知らずに二十何年か独りグアム島のジャングルに籠もっていて、「恥ずかしながら生きながらえておりました」と帰って来た横井庄一さんを思い起こしてしまった。

石原さんは、どう思ったのだろうか。

この映画が封切られた後、私が石原さんにお会いするチャンスはなかった。

私が感じた石原さんは、二十四歳の若さに輝いていたカッコいい青年と、『俺は、君のためにこそ死ににいく』の記念撮影での自信に満ちた中年振りの素敵な男性、の二回だけである。

石原慎太郎さんは二〇一四年に政界を引退され、二〇二二年の二月に逝去された。惜しい‼　政界に面白味が喪われたと感じた。

その折、「自分と妻の死後出版してほしい」と言われた『「私」という男の生涯』、「石原流人生論、十八章」と謳《うた》われた『オンリー・イエスタディ』の二冊を出版社から送っていただいた。今読むのは控えよう、と思った。たった二回の邂逅《かいこう》で得た印象が狂いだすだろうと思った。

「太陽が輝きながら沈んでしまった」と、誰かが言った。

私の心象を表現してくれている言葉だった。

ご近所さまの景色

窓から見える庭木が秋色に染まっている。

老木なので昔のように鮮やかな朱色ではなく、赤茶色にさびれているもみじ。その横で野放図に伸びきった泰山木や雑木たちが、二階の私の部屋がよく見えてしまうご近所さまからの視界をすっぽりと覆い隠してくれている。

「ご近所付き合い」がややこしいものだとは母から聞いていたし、母はそれらをクールにさりげなくこなしていて近所の評判も至極よかった。そうした近所付き合いも今はむかし物語《ばなし》のように色褪《いろあ》せてしまったように見える。人生の大半を海外で過ごした私は、お隣さまのことはまったく分からない。

ある夏日、塀に絡まった蔦《つた》が道まで這いだしているのを汗だくで刈り込んでいた。日曜日だったのでお手伝いさんはお休み。孤軍奮闘の結果、積み上げた蔦の枝葉を捨てるゴミ袋を捜してもその所在が分からず途方に暮れていると、蔦塀に面したお宅のご夫妻が大量のゴミ袋を持って助太刀に出てきてくださった。

言葉少なで、にこやかで、作業が終わると「お役に立つことがあったら、いつでもお声をかけてくださいね」と言ってさっさと引き上げてしまった。パリに娘夫婦を残して、日本の我が家へ帰ってから、初めて触れたご近所の、なんとさっぱりとしてやさしい心遣いだったことか。こころが温《ぬく》もり私はしあわせな午後を過ごした。

かと思うと、近所には必ずお世話好き、というより詮索好きな人もいる。そのお宅からも私の部屋はかつて丸見えだった。いろいろとお世話さまなご忠言に及んでくださる極めてお上品なご夫妻の住むご近所だった。

まだ庭木が几帳面《きちようめん》な庭師によってきれいに刈り込まれていた頃は、「夜遅くまで起きていらして、鎧戸《よろいど》も閉めずにおやすみになるのね。不用心ですよ」と何度もお手伝いさんを通じてご忠告をたまわった。

「梯子《はしご》をかけて、二階まで登ってくるドロボーさまがいたら、歓迎してあげるわよ」と私は毒づきながらも、東南二方にあまりにも開けっぴろげに、大きくひらけた窓に、えいッとばかり、せっかく樫《かし》の木を斜めにすかして風通し良く凝った細工の鎧戸を捨て、スイッチで軽々と開閉の出来るシャッターを巡らせ、窓全体も防犯ガラスにした。

樫の木の鎧戸は頑丈で見栄えもよかったが、開け閉めが重くて手に負えなかった。スイッチひとつで音もなく滑り降りるシャッターは便利だけれど、私の美意識からすると現代風でチャチなのだ。

それに私はベッドに横たわりながら、夜空いっぱいに広がる月や星を眺めるのが好きなのだからしかたがない。

月のないまっ黒な夜もすてきだ。闇の中にひそむ怪しげなもの、青い唇をなめにひんまげて嗤う意地の悪そうな声が聞こえたり、時には妙なるメロディさえ伴って、黒い夜をはなやかに彩る妖精の輪舞のようなものまで感じる。そんな時、私は静かなしあわせに浸る。むきになって一生懸命にひとり生きてきた私に、これ以上の災難がふりかかるわけはない、と思うそばから、起こるんだなこれが、と遊び心でふとイマジネーションを面白い方にひろげてみる。こんなふうに……。

物好きなドロボーさまがいたとして、彼が、あるいは彼女が、人並みならぬ好奇心と腕力の持ち主であったとして、やっと運び込んだ梯子を登ってよっこらしょとかなり丈の高いベランダに張った柵のてっぺんまで辿《たど》りついて、私と眼がばっちり合ってしまったとしたら、驚くのはどちらサマ？　あ、部屋の中は暗いから、あちらサマには私は見えないのだ。眼が合うのは、ベッドから立ちあがった私が懐中電灯でいきなり私の顔を下から照らしてにっと笑った時。その懐中電灯をそろりそろりと首から下へ右や左へ揺らしながらほのかに照らしはじめた時。

相手が今風妖怪もののファンでないかぎり、ぎょっとしてまず片足を踏み外す。男か女かさえ分からないベッドの上にぬっと揺らいでいる私という生きものにギョッとすることは確か。照らし出された姿は寝巻でもネグリジェでもなく、白い幽霊まがいの袋っぽいものを被《かぶ》って、膝まで届きそうな片腕のようなものが闖入者《ちんにゅうしゃ》を差し招いている。この袖丈も着丈も異様に長いものは、パリのデパートなどが、ウィンドウの飾り替えをする時に、マネキン人形に衣替えの間、数時間着させる特殊なTシャツなのだ。私はそれを着て寝ている。

私は闖入者を徹底的にいたぶりたい欲望にかられる。懐中電灯を持っている右手は見えていないはず。その手でひょろひょろと動いている左手の袖を照らしながら、いきなり顔へ移動させてにいっと笑う。このへんでドロボーさまは完全に敗北するだろう。

敗北したドロボーさまがまさかまさかご近所のお上品婦人であろうわけはないが、このファンタジックな発想は私を愉快にする。お上品婦人は子宝に恵まれ、ほぼ人数分の車が並び、ご主人も教養高いであろう様子で、私とは口を利いたことはない。たまに道で、ご夫妻とすれ違う。にこやかで感じがいいがざっくばらんではない。だがとても親切なのだ。奥さまだけの時は立ち話などもする。

話が飛ぶが私は十年以上前に、自分で運転していた時に後ろから追突され、首と腰椎の五番目の骨が五ミリずれた。十年間放っておいたらずれが十一ミリになりそれが悪さをして、歩いている時に右足の腿《もも》の裏から下に激痛がはしり、動けなくなる。しばらくするとけろっと治り、坂を下りきらないうちにまた右足が硬直する。我が家は山の上なので、この坂の上り下りは悪夢だった。

滑った背骨が脊柱を通っている神経をつつき、いわゆるすべり症と、同時に「脊柱管狭窄《きょうさく》症」という質《たち》の悪い状況に陥っていたのだった。この舌を噛《か》みそうな病名を宣告されるまで、四年間、私は坂の途中で電信柱に寄りかかって痛みが遠のくのを待った。ウエストあたりの背骨が滑ったのに腰痛は起こらず、脚の裏に痛さが集中するのだった。いわゆる坐骨《ざこつ》神経痛だった。

近所の整形外科で痛み止めの点滴をしてもらうだけで、先生にこれは手術しなければひどくなるばかりですよ、と言われても我慢して痛みに耐えていた。

その頃、私にはめずらしくもたいへん親切な男の友人がいた。ときどき私を訪ねてくれ、坂道では腕を貸してくれた。組んだ腕に少し寄りかかって歩くととても楽だった。痛みがはしると一緒に立ち止まって待ってくれた。結局、その友人が見るに見かねて、「神の手」と噂されている名医、福井康之先生を探しあててくれて、めでたく手術の運びとなった。

私の背骨は細い。その真ん中に通っている神経も細い。その神経にブロック注射をされた時は、自分でも信じられない叫び声をあげてしまった。背骨が外され、名医は細い脊柱に溜《た》まった骨のかけらやごみをきれいに取り除いてくれたし、滑った骨もチタンとやらの金属で留めずに治してくれた。抜糸の日に退院できた。

ところが大成功だった手術の後に、酷い後遺症が反対側の左脚にきた。私は歩くことはおろか、首を動かしても激痛がはしった。名医はそんな私を痛ましく見つめながら言った。

「体の機械が壊れれば、西洋医学が完璧に治すことが出来るけれど、後遺症や、そのほかにもいろいろ西洋医学では手に負えない不都合を治せるのは東洋医学です」

福井先生はほんとに凄いと私は感動した。私は我慢しすぎて車椅子寸前まで待ってしまったのだった。それを強調せず、「近所に整体とか、骨接《ほねつ》ぎの名人がいませんか?」と言ってくれる西洋医学の名医がいることに感動したのだった。そして運よくその整体の名医にも巡り合った。ただし、後遺症が完全に治癒するまで私はまた親切な友人の腕に頼らなければならなくなった。

横に逸《そ》れた話が長すぎたかも知れないが、私のとんでもないファンタジーを喚起させた、信じがたい次のエピソードの前座と思っていただきたい。

ほぼ完全に歩行が自由になっても、その友人が訪ねてくれるとつい腕組みするのが癖になったし、楽だった。そんなある日、蔦塀のご夫妻と会い、「いい日和ですね」とすがすがしい声をかけてもらった。坂の途中でこんどは件《くだん》のお上品婦人と出会った。「あら、けい……」、子まで言わず、すらっと視線を逸らした。それがあまりにもあからさまでこちらが恥ずかしかった。そんなことが何度かあった。

ご婦人は私を無視し口を利かなくなった。そうなると、彼女の視界の遠くに入った途端に私は離れて歩いているその友人の腕にすいっと寄って右手をからませる。ご婦人は視線を動かさず遠くを見つめる気配ですれ違う。滑稽劇である。《なんだよ。私にだってボーイフレンドぐらいいてもバチあたらないいんじゃない？　大家族でお金持ちで、おまけにご先祖様が華族サマとかなんとかご自慢の「しあわせ」を絵に描いたようなご身分なのにみっともないよ。私は、たった一人で十二歳になるかならないかの娘を海の向こうの「人情紙風船」の国で育ててきたのよ。四十一歳からずーっとたった一人でだれにも頼らず生きてきたのよ。坐骨神経痛で歩けないから、男の友達に腕を組んでもらったくらいで汚物を見るように眼を逸らすなんてみみっちい！　ああ、ケイコさんにもやっと頼れるお友達が出来てよかった！　なんて思ってくれるほどあなたさま、やさしい人間じゃないんだ》

《》内は心の中の悪態ではなく、私はこれらのことを大声でしゃべるのだ。どこで？　お風呂の中で。一人暮らしになってから約四十年、私はよく独りごとを言うようになった。ささやくように、やくたいもない繰り言を小声で言ったり、時には大声で「世間」という手に負えない相手に向かって、一人二役で丁々発止をやる。

　他人が聞いたら狂気の沙汰である。私はこんな風にして自分の中に積もる世間の「常識」というものへの抗《あらが》いや、むかし、「一世を風靡《ふうび》したスター」という存在であった私個人に対するミーハー的な興味や偏見や見下し、はっきり言って故なき蔑視とあまり上等とは言えない、やっかみのようなものと戦ってきた。他愛もない私流の鬱憤晴らしなのだ。

長年頼りにしていた母の代からのお手伝いさんが三人目の孫が出来た時に、スミ子さんという若い人に変わった。テキパキとして性格も前の人と同じようにさっぱりした、私にはうってつけの助っ人だった。彼女が朝、外回りの落ち葉を掃いている時に、

「すてきなおしゃれ着の奥さんが、すーと近づいてきて、あの男の人、今日も来ていらっしゃるの？　って訊くんですよ。びっくりしちゃいました。『どの人？』と言いたかったけど、ご近所サマだし、あたくし、いしまだ家に入ってないんで分かりませんって答えました」

新入りのお手伝いさんは、そこで、わっははと豪快に笑った。私たちはトーンの違う笑いのデュエットを奏でて愉快になった。

横道　小田実さん、瀬戸内寂聴さん

その昔、民放テレビで、『すばらしき仲間』という対談番組が好評で流行《はや》っていた。対談相手はＴＶ局が決めるのではなく、その日の語り手が次回の相手を指定するという珍しい企画で、私は、詩人の大岡信《まこと》さんに招かれた。その後長いお付き合いになった大岡さんとの対談は非常によかったと記憶している。その後で、私が次回の相手を、その頃、話題を振り撒いていた『何でも見てやろう』の作家、小田実《まこと》さんにしたいと申し出た。

演出家の実相寺昭雄さんが首を傾《かし》げた。

「ダメだろうな、彼はＴＶには出ないと断るに決まっている。あなた自身が電話で頼んでみたら……」

というわけで、お兄さんが院長を務める徳島の病院に、軽い病気で入院中だという小田さんに掛けてみた。才能あふれた実相寺さんが言った通り、返って来た言葉は紛れもない「ノン」だった。

私もそこでお手上げ状態になるような弱気ではない。散々話した後、

「ＴＶに出るのは厭だけれど、ここまで来てくださったらお会いしますよ」

（徳島まで……？）とは思ったが、言い出しっぺが引き下がるわけにはいかない。「行きます！」と応えてしまった。

「せっかく東京から来てくださるなら、一つお願いしてもいいかな」

銀座の近藤書店に、大岡昇平著『レイテ戦記』を注文してとのこと。

「徳島の本屋には置いてないんですよ」

「他には?」と訊いた。

「ええ……と、美味い肉が喰《く》いたいなあ」

美味い肉? そりゃ神戸だろうというわけで、私は『何でも見てやろう』を愛読していた親しい友人、映画評論家の秦早穂子さんと二人で行くことにした。新幹線は神戸で降りた。その日には「べ平連」(ベトナムに平和を!市民連合)の会合があるということで、神戸肉をしこたま買い込んで、神戸港から船に乗った。

(連絡船がひっくり返ったら、海に落ちて泳がなければならない!)

高校生だった時、江の島までの競泳があり、私は泳ぎが得意だったのに急に足が攣《つ》って小舟に助けられた! その時の悪夢を思い出して持参した浮き輪を持った私を、早穂子さんが大笑いをした。

「いくら海外生活が長くても船がひっくり返るなんて! 立派な連絡船で椅

子にはリクライニングさえついているのよ！」

さて、やっと着いた徳島の病院で、二手に分かれて小田実さんの病室を探した。うろうろしている私に、大柄でごつい男性が声を掛けてきた。

「誰をお探しですか？」

「小田実さんの病室です……」

「小田は僕です」

吃驚した。

勝手に想像していた長身痩軀《そうく》の美男とは程遠い人が、つんつるてんの赤い部屋着を膝小僧あたりにまで垂らして立っていた。けれど、早穂子さんと共に話してゆくうちに、小田実という人の素晴らしさに参っていった。

その夜集まったべ平連の大物は鶴見俊輔氏をはじめとして高畠通敏氏や吉川勇一氏で、小田氏主張の「難死の思想」などが語られていたらしい。早穂子さんは会合に参加したが、私はもっぱら焼肉係をした。知と教養の集結みたいな会合で私に出来ることは、御飯係りぐらいのものだろうというケンシキは持っていた。

小田実さんは実に面白い、かつ興味深い人物だった。近藤書店で買った『レイテ戦記』も、遠路はるばるやってきた私たちも喜んで迎え入れてくれた。

翌日、秦早穂子さんと私を、「お遍路八十八箇所」の三番まで案内してくれた。

「ぼくは入院中なのでここまで。思いついたら、八十八箇所全部回るといいですよ」

小田さんの言葉通り、六十九歳でパリで他界した父の冥福を祈って私は飛行場で借りたレンタカーでたった一人、二十一番まで回った。

道がよく分からなくて土地の人に訊いたが、要領を得なかった。

「二十一番?　そこを上がって峰伝いに行けばいいさよ。車は置いてくんだね。急坂でそんなもん役に立たないさ!」

おばさんの言った通り、深草に捕まり滑って転んで酷い目に遭った。私のお遍路はそこで終わった。「惠子、もういいよ。見ていられないよ」と父が言ってくれた……ことにした。

長い脇道になったが、これらを瀬戸内寂聴さんには詳しく話していた。

小田実さんが亡くなる寸前に発売され、好評だった『週刊朝日』の「林真理子さんの対談企画」で寂聴さんの記事を読み驚愕した。

「えっ、えっ!」とあきれて読み違えたかと思った。

対談そのものは、二人の知識溢れた会話を楽しめる立派なものだった。これという理由もないのに、時の将軍・足利義教の暴挙で佐渡に流された世阿弥のこと、世阿弥の父・観阿弥が言ったという「芸術は相手に寿福を与えるものだ」の素晴らしさ等々。つまり私が苦手なお能のことなど……。

瀬戸内寂聴さんは純文学に憧れて芥川賞がほしかったのに文芸雑誌には書かせてもらえなかった。

「今はせせら笑いますよ。何が純文学かと思いますが、その時はほんとに純文学に憧れていたの」

私は面白く読んだ。

問題はこの対談の冒頭。前菜とも思われる箇所で寂聴さんが小田実さんのお見舞いに行かれたというところに、私が出てくる。

瀬戸内寂聴　あの人、世の中の悪と戦う戦士でしょう。昔、すごく迫力があってね。顔がいかつくて、いわゆるハンサムじゃないんだけど、道なんか歩いていて、向こうから来るだけでパワーを感じるの。若いころ、ちょっと体の具合が悪くなったことがあって、お兄さんがやっている徳島の病院に入院してたんだけど、岸恵子さんが小田さんの文章を読んで興奮して、東京から会いに飛んで行ったのよ。

林真理子　岸さんが徳島の病院まで会いに行かれたんですか。

瀬戸内寂聴　そう。あの人、文学少女じゃない？　「あなたの文学は素晴らしい」って1時間ぐらいしゃべりとおしたんだって。小田さん、ベッドに寝たまま、黙って聞いてたんだけど、最後に「ところで、あんた誰？」。（笑）

林真理子　まあ！

瀬戸内寂聴　岸恵子としたら、日本中のみならず世界中が自分を知ってると思ってるじゃない。だから呆然としたんだって。

林真理子　ヒェ〜ッ！　ほんとですか？

（ほんとであるわけないィッ‼）

「林真理子対談」にはその寸前、私もゲストとして出て面白い記事になった。林真理子さんはパリ、サン・ルイ島の私の家までいらしてくださった日本の著名人では珍しい方であり、私のことをよく知ってくださっているはずだと思った。

『すばらしき仲間』から始まった小田実に会うための徳島行き、秦早穂子さんと企画した旅の詳細を知っていた私の所属する「舞プロ」が、「事実と違う点がある」と抗議してくれた。

『週刊朝日』の編集長から丁重な詫び状を頂いた。編集部が時間をかけ丁寧に調べたらしい。さすがは『週刊朝日』と感心した。

と、驚いたことに寂聴さんからも闊達《かったつ》な直筆で、便箋六枚ものお手紙をほとんど同時に頂いた。

「本当にどうお詫びしてよいか……」という前置きで、

「トシを取りたくはないものですね。すっかりモウロクしてしまって……あなたから、徳島行きを詳しく聴いていたのをすっかり忘れてしまっていたんです。小田さんがウソをついたとしても、男の通性で、あの豪放な小田さんにしてこんな単純な見栄を張るのかとおかしくなりました。要するに私の殺人的多忙を整理できず精神が粗雑になっていたのだと反省しているのです……」

と、作家らしい文章が続き、

「『朝日新聞』の記者も、『東京新聞』の記者も私の言うことを鵜呑《うの》みにし……

悪いのは私の健忘症です」

　ということは東京新聞にも同じような記事が載ったのか、と慌てて読んだ。最後に、ベッドに寝たままの小田さんが「ところで、あんた誰？」とあった。

「寂聴さんのお手紙」の終わりの方で、ぎゃッと心臓が摑まれた。

「……けれど、あなたの説明を聞いていながら、すっかり、忘れていたのは、小田さんのウソの方がずっと面白くてインパクトがあったからです。真実と事実は似て非なるものがあるのですね。……小田さんも許してやってください。あの世でもきっと同じウソをつくことでしょう」

　さすがは大作家、瀬戸内寂聴だと思った。私自身をやんわりとからかっていると感じた。今、このお手紙を再読しながら、「小田さんのウソ」を創ったのは、大作家、瀬戸内寂聴だとしみじみと確信した。

　文化出版局が出版した『生きるみちしるべ』の中で寂聴さんは言っている。

「私は九六歳になりました。……一〇〇年も生きるのは健康が何より。健康はまず笑顔。笑っているところに不幸は来ないでしょう。……だから、笑い飛ばす癖をつければいい。……」

瀬戸内寂聴さんはいつ会ってもおおらかで親切で、笑っていらした。

私は瀬戸内寂聴作品を『かの子撩乱』しか読んでいない。彼女のことを知りたいと思って、遅まきながら取り寄せた二、三冊を、読まずに寂聴ファンの友人に差し上げてしまった。

つまり、私には心がふさいでいる時に「笑い飛ばす癖」は無理である。私は、時に憤り、時に涙し、ごくたまに本当に可笑しい時に笑いこける。単純すぎる私に、ウソを創作したり、それを踏まえて、人を傷つけたりするなんて大技が出来る器の大きさはない。

私が菊池寛賞を頂いた時には、ある冊子に書いてくださった。

「岸恵子さんの文章を私は昔から素晴らしいと思っている。賞を上げるのが遅すぎる……」

私も芥川賞は貰っていないが、エッセイ賞は二度も頂いている。

この前後に、私は京都に詳しい友人を伴って『寂庵』を訪れた。

不思議に思える瀬戸内寂聴さんをもう一度訪ねてみたかったのだ。

お土産には悩んだ。お酒好きとは知っていたが、お年を考えて京都で評判の和菓子を買った。

素晴らしい寂庵の前庭に迎え出てくれたのは、若いステキにきれいな秘書と名乗った女性だった。私たちを迎え入れてくれたテーブルには、既に沢山のお菓子や食べ物が並んでいた。

寂聴さんは相変わらず、にこやかで話も面白く、驚いたことに、お菓子を食べながら、美人秘書が注いだ、冷えたシャンペンをごくごくと飲んだ。一緒にお邪魔した友人が感極まったように言った。

「これは凄いシャンペンですね。それにしても、よく飲まれますね」

お年を考えて和菓子しか買わなかった自分が恥ずかしかった。

寂聴さんは、よく喋り、よく食べ、よく飲み、よく笑った。

私には、寂聴さんをもっと知るよすがはなかった。

しかし秘書を名乗る、助手さんともとれる人は、美しいだけではなく頭の切れる人だった。出過ぎず、引っ込み過ぎず、実に適当に私たち二人を接待してくれた。寂聴さんとは、孫ぐらいの年齢差があったが、彼女たちの得も言われぬ関係を見て、私は納得した。

寂聴さんは特別な人なのだろう、と。

寂聴さんがシャンペンを勢いよく飲むので、彼女はそれとなくシャンペンの瓶をテーブルから持ち去った。

「勿体《もったい》ない、まだ残っていたのに！　僕が飲みたかったな」

私の連れが悔しがった。

それから間もなく旅立たれた寂聴さんは、あの世でも、いつも笑顔で、周りの人をしあわせにして、愛を施しているのだろうか……？

「維新の偉人　坂本龍馬」　原田芳雄さん

司馬遼太郎の『竜馬がゆく』は面白くて大好きだったが、私はその前に、古本屋で見つけた『維新の偉人　坂本龍馬』という外国人が書いた本を読んで夢中になっていた。作者は、アーネスト・サトウだったと思う。

アーネスト・サトウは、江戸期から幕末にかけての日本に魅力を感じ、日本語も堪能な外交官である。日本に世界を、世界に日本を紹介した飛び切りの学者である。著書も多い。

維新の偉人では西郷隆盛、伊藤博文など数多くと親交を深めているが、坂本龍馬には会っていないと思う。

足かけ二十五年も日本に滞在し、多くの功績を残し去って行く彼を惜しむ声は盛んで、明治天皇から蒔絵《まきえ》の簞笥《たんす》を、親しかった勝海舟からは脇差を贈られている。今現代の若者には名前も知られていないだろうが、私は『維新の偉人　坂本龍馬』は彼の著作と思いたい。

あるいは、私の勘違いで『一外交官の見た明治維新』だったのかも知れない。


別の年、ある映画のTV放映を観て、その中で狼藉《ろうぜき》を働く一人の俳優に魅せられた。映画の名前は思い出せない。もしかしたら、有名な『ツィゴイネルワイゼン』だったのか……。

その映像の中で、一人の演技者の荒っぽい残虐行為には、切れと、美があった。曰く言い難い切なさもあって、私は痺《しび》れた。

その人の名は、原田芳雄。何も知らない私は、やみくもに彼に電話を掛けた。パリで半生を過ごしたからか日本映画界には疎い。元々そそっかしい私は無謀な言動を平気でしてしまう。電話口で熱っぽい邪気のない声を出した。

「『維新の偉人 坂本龍馬』を映画化したら素敵だと思うんです」と。

「実は、私は、『竜馬暗殺』という映画で竜馬を演じているんです」と彼。「お観せしましょうか」と言われて恥の掻《か》きついでだ、と思ってお願いした。

その頃、私の講演会を催してくれていた、兵庫県の甲子園に住む高石かつ子さんという方が、赤坂のマンションを私に家賃も取らずに貸してくれていた。その広いサロンに原田さんはマネージャーと称する男性と二人で現れた。大きな荷物は、映写機と、かなり大きなスクリーンだった。吃驚した。

その頃、付き人兼マネージャーをしていた、綽名がシジミちゃんこと樋口啓子と私二人だけのために、大掛かりで本格的な試写会が始まった。私は自分の無鉄砲さに恥じ入っていた。内容をよくは憶えていないが、斬新な解釈の竜馬を観て、私は原田芳雄という人物に心底敬意と、魅力を感じた。ステキな人だった。

彼はその後、横浜の実家も訪れてくれた。その時もマネージャーらしき男性と一緒だった。大きな花束を受け取って、素敵だ！　と思った。派手派手しいカサブランカや、真っ赤な薔薇《ばら》などはなく、可憐《かれん》で美しい花束だった。

ここで、「花束」に関する私の思い出を綴ってみたい。

今から三十年ほど前、当時の美智子皇后さまから、昼食のお誘いを頂いた。私は思い惑った末、電話を掛けてくれた宮中の秘書官女性にはカサブランカの花束を、美智子さまには、私の住んでいる白楽の花屋さんに依頼して一抱えもある野花の花束を差し上げた。紺色の紬を着られた美智子さまは美しくて、話されることもこころに沁《し》みた。

庭に面した小部屋で簡素な形式で頂いたお重の昼食も美味しかった。美智子さまの快いおもてなしを堪能させていただいた私が、お部屋を出て驚いた。長い廊下の角に私が差し上げた花束が、大きな籠に大胆に活《い》けられていたのだった。

そのひと房を手にした美智子さまがおっしゃった。

「この野花は関東平野では育たないものなのよ。お花屋さん、苦労して集めてくださったと思うの」

何気ないお言葉に私は感動した。

註釈《ちゅうしゃく》が長くなったが、原田芳雄さんがくださった花束は、私が美智子さまへお持ちした花たちのような清々《すがすが》しい可憐さがあった。

せっかく横浜までいらしてくれたのに、今ここで、勝手に名付けた『徒然《つれづれ》流』の我流で活けるより、先《ま》ずはお茶をお出ししなければとか、胸に数々の思いが満ち溢れて、花束は水を入れた大きな花瓶にそのまま挿した。帰られてから活けようと思った。

「ぼくが活けましょう」と彼は言った。

お手伝いさんが持ってきた水を入れたバケツで、茎の先を切ると、鮮やかな手つきで、あっという間に、大きな花瓶に見事な花たちが鮮やかな形をひろげた。吃驚した。華道の免許皆伝の私が息もつけなかった。

「素敵！　ささっと活けられたのに……」、心からの歓声だった。

「ぼく、むかし花屋でアルバイトをしていたんですよ」と彼は笑った。

アルバイトぐらいで、この活け花は出来ないと強く思った。

自分の免許皆伝は、秘して語るまいと思った私に、友人の一人が、原田芳雄さんの個性は別格で、華道に関してもたいした技を持ち、その他にも多芸の人で、長嶋茂雄さんの結婚披露宴の飾り付けもしたと知って納得がいった。そこには美しい活け花があったはずだ、と私は思った。

また横道に逸れる。

一九七三年頃、私は京都で、シドニー・ポラック監督の『ザ・ヤクザ』というアメリカ映画の撮影をしていた。主演は高倉健さんとロバート・ミッチャムと私。夫役であった高倉健の戦死通知を受けて、独りぼっちで寂しい私はロバート・ミッチャムと恋仲になっていた。そこへ戦場から無事に帰って来た夫……というようなややこしいストーリーだった。

ポラックさんは私の英語がスムーズに出るように、照明待ちの時間によく私に英語で話しかけてくれていた。そこへスタッフではない見知らぬ人がやって来た。私に次回作の交渉に来たのだった。

ポラック監督と私が英語で話しているのを邪魔しては悪いと思ったのか、彼も英語で話した。『闇の狩人』の出演依頼だった。

「監督は誰？」とポラックさんは訊いた。

監督の名前を聞いてポラックさんは断固として言った。

「素晴らしい演出家だ。絶対に出た方がいい！」

私が松竹大船の研究生時代を卒業して、自由になって以来、脚本も読まないで主演をOKした初めてのことだった。

後悔この上なし！

タイトルと同じ「闇の狩人」とは金が目当てに殺しを請け合う集団だった。

その総大将は『切腹』で世界中を感動させた仲代達矢さん。

彼は素晴らしい演技者だが、この映画では、闇の采配を振るう大立ち回りで弱者や女性たちを凌辱《りょうじょく》する、私が苦手とする役柄だった。その仲代さんを当時名声を馳せた役者がずらりと取り巻いた。監督はこの種の作品を演出したら、名うての五社英雄さん。ポラックさんは五社を『たけくらべ』を撮った五所（平之助）と勘違いしたのだった。

何がどうあろうと脚本を読まないで出演をＯＫした私が悪い。

私は完成試写を観なかった。先日、ＴＶで再放送があった時も見ない、と決めた。二時間以上経ってＴＶを点《つ》けたら、「狩人」と見立てられた人物がキラキラと火花が散るような艶《あで》やかさで人を殺していた。ゾッとしながらも、振る舞いの切れに見惚れた。身体が美しかったし、動きに無駄のない壮絶な感じがあった。

それが原田芳雄さんだった。

私は六十八歳の時、パリから日本に復帰した。以前からスイスのマッターホルンなどへ誘われて一緒に登ったこともある、親しかった小川富子さんが主宰する「舞プロ」に籍を置かせてもらっている。

その小川さんが、

「原田さんは感性の鋭い、二度と現れないような俳優さんでした。幾度もお会いしましたし、当時若かった松田優作さんや佐藤浩市さんも彼を師匠として慕っていましたよ」

小川さんはスタッフみんなに気を遣うおおらかな人柄で、私もその恩恵を享《う》けている。現代を飾るスターたち、高橋一生、六角精児、筒井道隆、女優では浅丘ルリ子、原田美枝子たちもいい現場で働いている。

コロナ禍が続いた中で、解散せざるを得ない事務所もあるのに、舞プロはスタッフ一同、二十年以上気持ちよく働き続けている。その中の一人、私の直接のマネージャーである鈴木昭子さんが言った。

「原田さんが主演した『大鹿村騒動記』の舞台挨拶をTVで見たんですよ。原田さんが、挨拶のため車椅子で登壇された時にはびっくりしました。長いこと癌を患っていたのを知りませんでした。彼に私淑している大勢の俳優陣が集まっていました。その片隅で、佐藤浩市さんは眼を拭っていた。泣いているんだと思いました」

大盛況だった『大鹿村騒動記』封切りの三日後、七十一歳の原田さんは死去された。告別式には二千人の人々が、魅力的で、特異であった故人を悼んだという。

私は、それらの話を聴いても、癌で苦しんだという、暗い時期の原田さんを想像できないし、したくもない。

「竜馬役の新境地を開いた」と高評された『竜馬暗殺』の大掛かりな試写会を、私だけのために開いてくれたやさしさと、

「ぼく、むかし花屋でアルバイトをしていたんですよ」

と笑いながら言って、丈の長い花々を事もなげに見事に活けた何気ない感覚と才能が、私の心に深く刻まれている。

空の上で、原田芳雄さんは、彼独特のワイルドで、繊細なほほ笑みで、私の回想を面白がってくれているだろうか……。

親子で大スター　佐田啓二さん、中井貴一さん

高村潔所長の秘蔵っ子のような存在であった私の出演料はあっけないほど安かった。松竹に、ビルを建てたほどの収益をもたらした『君の名は』でさえ正確には憶えていないけれど、三十万円ぐらいだったと思う。高村さんは若い私に高いギャラを払って、スター気分に囚《とら》われないように気を遣ってくれていたと今思う。

「にんじんくらぶ」を設立した途端に、何も請求していないのにギャラが百万円になって吃驚した。日仏合作映画の時は、その六倍になった。

私はいつまでも相手役の車に便乗させてもらうのはやめようと思った。高くなったギャラを有効に活用しようと決めた。そして、日本に二台しか入っていないという黒塗りの大型車、アームストロング・シドレー・サファイアという長い名前の英国車を買った。気がひけるほど凄い車だった。

その頃、売れに売れていた映画雑誌の編集長が、柔道黒帯といういかめしい人を運転手として紹介してくれた。

私は彼のために裏庭にバス・トイレ付きの小さな家を建てた。空手チョップの大ファンだった、まささんというお手伝いさんが、この柔道家に入れ込み、まるで我が子のように可愛がっていた。夕飯も裏庭の彼の家で食べたし、我が母屋にいることが少ないくらいにべたべたと付き合いを深めていった。

ただ、私はこの柔道家に馴染めなかった。広い肩幅、寡黙すぎる態度は何の親しみも感じさせず、ハンドルを握った硬い態度はひどく怖かった。

それにこの高級車は何かと物入りだった。「岸さん、凄い車を買ったんだね」と佐田啓二さんが言ったものだ。

彼は私の相手役を長年やってはいたが、私を名前で呼ぶことはなかった。そこには彼独特の流儀があったのかも知れないが、同じ頃相手役をした高橋貞二さんが遠慮もなく「けいこ！」と親しく呼び捨てているのに何だか変に他人行儀とは思っていた。

その二人が、私には身分不相応の車の、部品が壊れて新しいものと交換する頻度が多すぎるんじゃないかと言った。新車なのに部品の取り換えが多すぎるとは思っていた。いちいち英国から取り寄せていたのである。

ある日、運転手だったその柔道家がガソリン代だと言って法外な請求書を持ってきた。それを見た高橋貞二さんが言った。

「冗談かヨ！　ヘリコプターやヒコーキのガソリン代じゃないんだぜ」

額は忘れたけれど当時としては破格の七、八千円……一万円近かったように思う。佐田啓二さんが断固として言った。

「辞めてもらうべきだね」

まささんには気の毒だったけれど、私は佐田啓二さんの言葉に従った。

柔道家運転手は《あっさり》と辞めていった。友人に車で迎えに来てもらって、別れる時に初めて笑顔を見せた。いい笑顔だった。もしかしたら、私はとんでもなく彼を誤解していたのかも知れないと思った。

その時、ガレージで車を点検していた佐田啓二さんが「まさか！」と言った。エンジンがかからなかった。

柔道家運転手は、ガソリンタンクいっぱいに砂糖を入れて去っていったのだ。解雇への復讐《ふくしゅう》だったのか……アームストロング・シドレー・サファイアは廃車になった。

ところが、世の中良くしたもので、私のファンと言って事あるごとに写真を撮ってくれていたカメラマンの佐藤明という人が、車を引き取ってくれて、すべて分解して新しく仕上げ直し、ずっとその車に乗り続けていてくれた。

私はグレイメタリックのローバーを買った。

佐田啓二さんは、何かと心を配ってくれて、私が佳い時計を買いたいと言ったら、わざわざ上野の「アメヤ横丁」まで連れて行ってくれた。地方のロケで群がる人々に私がもみくちゃになっていると、気の利いた冗談を言って、群衆を怒らすこともなく、しゃれっけたっぷりにその中から私を助け出してくれた。けれど、彼は私に対していつも一線を引いていた。

佐田さんはマネージャーを雇わずに、感じの良いアメリカ人とのハーフだった友人に何もかも相談しているようだった。

映画撮影の最終日に佐田啓二さんと（松竹大船撮影所）

その友人は山の上にある私の家から、ほんの少し下ったところにモダンで素晴らしい家を建て住んでいるのに、私はその家の門さえ潜ったことはなかった。佐田さんも我が家の門まで送ってくれて中へは入らなかった。人気俳優によくありがちな、傍若無人な物言いや態度はなく、いつも静かで機嫌よく、完璧な社会人だった。

私がイヴ・シァンピ監督との結婚を決めた時、ある日、我が家のベルが鳴った。門まで行ったお手伝いさんが慌てて告げに来た。

「佐田啓二さんが、お祝いの品を持っていらして……」

様々な人が送別会をやってくれ、その席に佐田啓二さんもいたのに……いつもとは違って玄関まで入ってくれた佐田さんは、手に大きくはない手提げを持っていた。しかし家には上がってくれなかった。

「パリに行ったら、小さい旅行が沢山あると思うんだ。そんな時に使ってくれる?」

それは素晴らしく柔らかい革で出来た、深いオレンジ色の鞄《かばん》だった。

普通の旅行ケースのように角張った出来ではなく、やわやわの、私が大好きなその鞄をどういうところで見つけたのか不思議に思った。私から娘に、そして今は歳月を経て傷み果てているものの孫たちに愛用されている。

佐田さんは、自家用車の後部座席で脚本を読んでいる時に、運転手さんの一瞬の不注意で事故に遭った。そしてあまりにも若く素敵だった佐田啓二さんは三十七歳で亡くなった。

それを知らされた時、私は南仏の海で泳いでいた。あまりのことに浜辺にくずおれて立つことも出来なかった。

あんなにいい人が……と私は涙にくれた。


佐田啓二さんは『月ヶ瀬』という小津安二郎監督御贔屓《ごひいき》のレストランの令嬢と結婚した。益子さん！　私の高校の先輩だった。背の高いステキな女性で、掛け持ち撮影で忙しい私に、美味しい食事を撮影所まで持ってきてくれた。

中井貴一さんはご両親にそっくり。眼は佐田さん、顔の下半分は益子さんを思わせた。後に、幼い頃に父を亡くした貴一さんと初めてお会いした時に、彼は言ったものだった。

「あんなに好いコンビだった岸恵子さんとどうして結婚しなかったの？　と、おふくろに訊いたことがあるんですよ」

私は大好きだったけれど、それは兄妹愛のようなものだったこと、そして彼はあまりにも立派な社会人であったこと……恋心など生まれる隙もなかったことを語った覚えがある。

「つまらないなあ、誰に訊いても親父は立派な人柄でした、と誉《ほ》め言葉ばっかり……たまにはスキャンダルやデマでも聴いてみたいですよ」

と笑いになった。

その中井貴一さんは父親を飛び越えた存在になった、と私は思っている。もちろん時代も大きく変化している。

佐田啓二さんが、木下恵介監督の『不死鳥』で当時の大女優、田中絹代さんと共演し、『鐘の鳴る丘』で活躍した時はＴＶはまだ普及していない時代であった。

私も共演した『君の名は』は、当時、大変な話題を呼び、私たちは町も自由に歩けないほどの日々を過ごしたものだが、それは今から七十年も昔、今やだーれも憶えてはいない。それはそれでよいと思う。

忘却は新しい歴史をつくっていく……。

京都生まれだった佐田さんは、台詞に京都訛《なま》りが入るのを懸命に標準語に変えようと努力していた。その素晴らしい父親が三十七歳という若さで急逝した時、まだ二歳ぐらいの幼児だった長男・貴一さんは、今という時代、映画はもちろんのこと、舞台、TV、CMとジャンルを超えて大活躍をしている。

『壬生義士伝』は見る度に、貴一さん演じる吉村貫一郎が、新選組から貰うお金を故郷で貧しい暮らしをしている家族に送金していることを蔑視されても、それにもめげず、その切なさを合戦にぶつけて獅子《しし》奮迅の力闘をする姿に胸を打たれる。

アメリカロケのあったTVドラマ『99年の愛』でご一緒したことがあるが、私を含めてスタッフへの気配りと優しさは、父親の佐田啓二さんを彷彿とさせて私は切ない思いをしたものだった。

かと思うと、『サラメシ』という番組で、突拍子もなく高い明るい声を出す貴一さんは『ビルマの竪琴』や『壬生義士伝』で主役を演じた同じ人とは思えないほど、途方もなく多方面に力のある俳優さんである。天国の佐田さんも喜んでいるに違いないと思う。

私は、コロナ禍で外出も出来ない頃、時折見る貴一さんの『雲霧仁左衛門』を楽しんでいた。最近TVで見たコマーシャルで、娘に「今朝は飲まなかっただろう」と言って一杯のプルーンを差し出す父親役の横顔《プロフィール》は、亡き佐田啓二さんにそっくりで、また私の感慨を深くする。

親子で大スター　三國連太郎さん、佐藤浩市さん

「痛いっ！」と笑いながら、私は何度も悲鳴を上げた。

ダニー・ケイの歌と踊りと笑いの映画を横浜の「東横映画館」で観ていた。観客は笑いさざめいていた。

笑いが起こる度に私の背中を叩いて喜んだのは若い三國連太郎さんだった。木下恵介監督の『善魔』を撮って評判をとった三國さんは、私より九歳年上。大柄で、精悍、ステキな若者だった。

二人ともマネージャーなんぞはいなく、安月給でタクシーを使えず、市電に

乗っていた。久保山まで私を送ってくれた三國さんは「家に帰っても一人ぼっちですよ」と言ったので、「母が料理好きなの。私の家で夕ご飯食べていく？」と誘った。

久保山の長い坂道を上りながら、彼の話は面白かった。

あの頃の三國さんとは、二、三本の映画にご一緒した。

ショーケンを教育していた中年期の三國さんを、私はあまり好きではなかった。「役作り」という私が苦手な言葉を、深掘りし過ぎているように見えた。「役作り」は若い初心者にはいろいろなことが学べて必要だとは思うが、ある程度の経験を積んだ人間には「役」は自然に自分の中に入ってくるもの、生まれてくるものだと思っている。だから「役作り」は本人の培養された感性に頼るものだと思いたい。

例えば『約束』で、刑務所に戻った役の私に、衣類などいろいろな贈り物を買ってくる、前科のある朗《あきら》役のショーケンを捕らえる刑事を演じた三國さんは頬にケロイド状の疵《きず》を作っていたが、それは鬱陶しいほど、余分なことに私には思えた。

一方、『雨のアムステルダム』のロケで長いこと一緒にいたホテルのレストランで、毎日ショーケンにいろいろな話をしている三國さんには、若者を育てる愛を感じたし、それは素晴らしいと思った。

今、TVで再上映している、彼が出演している人気番組を私は観ないでいる。ダニー・ケイの映画を観て笑う度に私の背中をおっきな手でピシャリピシャリと叩いた頃の、傍若無人な荒々しい「無傷」の三國さんが、立派な《役者》に変貌した姿を見るのは辛いのだった。

それは私自身が《役者》になり切れないからだろう……。

私はその頃、映画に夢中になっていた自分から、世界に起こる様々な異変に、はっきり言えばジャーナリズム的な事件の方に一層の関心を持ち始めていた。

だからといって映画は、私の心のふるさとであることに変わりはない。私は世間が称賛する「芸ひと筋に生きる」という女優ではないということだった。


コロナ禍で家に籠もっていなければならない時が三年続いた頃も、TVでニュースや情報番組ばかり見ていた。

人気がある連続物の時代劇など筋立てがすぐに分かり、台詞にも工夫がないものが多くて、残念。たった一つ。気楽でよく見るのは、喜劇っぽく纏めた『御家人斬九郎』。渡辺謙さんのチャンバラと、岸田今日子さんの食い意地の張ったおふくろ様の掛け合いは面白い。

たまにつけたＴＶに三國さんのご子息、佐藤浩市さんが大河ドラマ『どうする家康』の真田昌幸役の予告で一瞬現れた。吃驚した。白髪交じりで鋭い眼光。この人は今六十三歳になっているはずである。

物忘れの多い私がなぜ彼の年まで憶えているのか……。自慢にならないうち打ち明け話をする。

彼が十九歳でデビューした時に、私は母親役で出演していた。

キラキラと輝く深いステキな眼をしていた。ほっそりとした体で家庭内暴力を起こし、それが母子二人で棲《す》むいびつな関係も相まって、近親相姦《そうかん》にまで至る役柄を激しく素直に演じていた。

タイトルの『続・続事件　月の景色』が示すように、この複雑怪奇な脚本をものしたのは早坂暁さん。素晴らしい脚本家であるこの人と初めて会った時、迷惑そうな顔をして言われた。

「岸恵子さん、困っているんだ。どうにも書き難いんだな、あなたという人は……ほっそりしてスタイルが良すぎて臍《へそ》がどこにあるんだか分からない」

私は吃驚してまじまじと早坂さんを見ていた。

「俺はどんな風に見えるのかね？」

「焼き芋屋のおじさんみたい」と私も返した。

「わぁはっ、はっはっ」

早坂さんは笑った。そして突飛な物語を書いてくれた。この少年を演じた佐藤浩市さんは素晴らしかった。

ちょうどこの時期、娘がクラスメイトと二人で来日していた。

私は親心満杯のたくらみを持って、パリっ子二人と浩市君を料亭の個室に招待した。娘デルフィーヌは三歳年下の十六歳、高校生だった。ひょっとして友情でも生まれてくれたら……というバカな親心は見事に外れた。

娘は恥ずかしかったのか、クラスメイトとばかり話をして浩市君を観ないようにしていた。浩市君は寡黙を貫き、俯《うつむ》きながら、掬うような視線を私に返した。

娘と浩市君は言葉も交わさず、残念ながらも、あわよくばと願い、バカな母親をやった自分を、みっともなく感じたし恥ずかしいと思った。


それから歳月は限りなく過ぎ、私は『かあちゃん』で、日本映画界の最高峰である日本アカデミー賞の最優秀主演女優賞をいただいた。

授賞式のホールで、並み居る人々を掻き分けて浩市さんが駆け寄ってくれた。

「おめでとう！」

「わっ、懐かしい。浩いっちゃん！」

何十年振りに会った浩市さんに私も歓声を上げた。周りにいた人たちが一瞬シーンとした。「浩いっちゃん」という呼び方がショックだったらしい。

「お袋のようなものですから……」と佐藤浩市さんが言い繕ってくれた。周りは何となく分かってくれて笑いがさざめいた。

（そうか！　彼は今、十九歳の青年ではなく、日本の大スターなんだ！）

私は浩市さんを、まだ自分の息子のように感じている自分にペケを付けた。


十年ほど前、三國連太郎さんが逝去された時、喪主であろう佐藤浩市さんから、私の所属する「舞プロ」を通じて参列の要請があった。私は行かなかった。冠婚葬祭は主義として出ないことにしている。唯一の特例は『君の名は』の監督、大庭秀雄さんが逝かれた時。

松竹に恩のある大庭秀雄さんが引退なさる時、挨拶に立った松竹社長の城戸四郎氏が事もあろうにこう言ったのである。

「大庭君、『君の名は』の他にどんな作品を撮ったんだっけ？」

私は身が震えるほど憤慨した。あれほどの傑作を沢山提供し、有り余る教養を手控えてひけらかさない、素晴らしい人物に何という暴言を吐いたのだろう。私は尊敬する演出家に私なりの敬意を払うため、ご葬儀に参列した。

結婚式もたったの一度だけ。

親しかった有馬稲子さんが、大勢の子供を持つ相手と別れてまで、河村という人と再婚した時。それは数人しかいない神前結婚だった。相手の人と有馬さんのお母さんと私だけ。華やかであるはずの結婚式が、相手を別れさせた苦しい結合であったため、私の心に深く痛く刻まれた。

それ以来、冠婚葬祭には心して参加しないようにしている。

けれど、事情を知らない浩市さんにはすまないことをしたと今も後悔している。

今はただ、スクリーンでの佐藤浩市さんを観ることを楽しみにしている。私は、十代の素敵な浩市君と、それから何十年も経った授賞式で、懐かしく「おめでとう！」と駆け寄ってくれた、大スターになった彼と、二回しか会っていないのに、まるで我が息子のような懐かしみを感じている。

映画館には言うに及ばずＴＶも見ない私が、再放送される度に観ている映画に『壬生義士伝』がある。

浩市さんも切れのある姿で素敵だったが、中井貴一さんが素晴らしかった。与えられた立派な刀剣ではなく、既にボロボロの刃が毀《こぼ》れた自刀で自刃する場面になると、よよ、とその度に泣いた。

この二人を見るとつい、我が子のように愛《いと》おしくなる。迷惑かも知れないと思いながら……。

小津安二郎監督

小津安二郎監督作品に初めて出演したのは、『早春』という映画だった。

私はかなりの撮影経験があったのに、映画界というものにまだ馴染み切ってはいなかった。分からないことは何でも訊く、物慣れない、言いかえれば分をわきまえない生意気盛りとも取れた頃のこと。『早春』の中のあるシーンが長いこと続いていた。

古びて狭っ苦しい部屋に、麻雀台を囲んで四人の男性が座っていた。主役である池部良さん、準主役の高橋貞二さん。あとの二人は松竹大船映画でいろいろな作品に出てくる名バイプレイヤーたちだった。

キンギョと綽名されたイマドキの女の子が私の役。麻雀には加わらず、横から口を出して、麻雀の進行に邪魔立てをする困った女の子だった。

それにしても一カットに、なんて梃《てこ》ずっているんだろう、と私は思った。十何回目ぐらいの時、堪《たま》らずに訊いた。

「先生！　テストってこんなに何回もやるものなんですか？」

他の出演者が、（まさかッ！　困った奴だ）という苦笑混じりの表情で私を見た。

「そうだよ。お前さんは芝居が決まらない。台詞の前にお茶を飲んだり、飲んだ後に台詞を言ったり、かと思うと、台詞を忘れちゃったり……」

と小津先生。

「えっ、わざといろいろ変えてやってるのに……おんなじことを演じるんだったら、なぜ何回もテストするんですか？」

小津先生は面白そうに私の顔を覗いた。

「それはねえ、恵子ちゃん、お前さんがあんまりにも下手くそだからなんだよ」

「あっ、わたしへタクソなんだ！」と私はめげることなく納得した。

この件以来、私は同僚の出演者とも、スタッフとも打ち解けたように思う。特に池部良さんにはよくされた思いがある。


小津先生は独身を貫いていた。よく横浜は元町近く、山下公園通りの裏筋にある『マスコット』というちっちゃなバーに四、五人の仲間を連れて飲みに来ていた。池部さん、佐田啓二さん、高橋貞二さん、助監督や松竹大船撮影所長……など男ばかりである。

その中の一人が必ず横浜住まいの私に電話してきた。

「恵子ちゃん、小津先生が『マスコット』まで来いって！」

山の上の我が家から私が翔《か》けつけると、女っけのなかった客席にまるでちっちゃな子供が舞い込んだように騒がしくなる。

「マスター、このお嬢ちゃんにバヤリースオレンジでも出してあげて」と小津先生。

「お酒でもいいよ」と私。

「またー、この間一口飲んで蒼ざめたくせに」とマスター。

ここのマスター夫妻はもうかなりの年に私には見えた。若い頃、南フランスの港町、マルセイユでやはり小さなバーを持っていたとか、どこか国籍不明の吹っ切れた洒脱さがあった。小津先生もそうした雰囲気がお気に入りらしい、と私は思っていた。

贅沢さの微塵もない、木造りの粗末な小屋。出されるものは、マルセイユ仕込みの洒落たおつまみ。それも種類は決まっていた。そんな貧相なバーで、当時世間が騒いだ大監督や大スター、面白い人たちが勝手なことを言って楽しんでいた。

さんざん飲んで騒いだ後、一人が手を上げた。

「先生、ちょっと飲み過ぎたんじゃないですか。みんなで海岸通りに行って海風にあたりましょうよ」

言ったのは高橋貞二さん。

ほろ酔い加減の一塊に連れられて、私はスキップをしながら、夜の海とその夜空に散らばる星を見た。私はなぜか、山下公園通りの幅の広い大通りに、長々と寝そべってみた。

「おいおいっ」と吃驚した小津先生。

「先生。酔っぱらっているんでしょう。寝転ぶと星空がよく見えますよ！」

私は飲んでもいないのに酔っぱらっていた。

「なるほどなー」と、先生が私の横に長々と横になり、一同がヤンヤと手を叩いて囃《はや》し立てた。

やがて、ぎぃーっ！　というトラックが急停車をする轟音《ごうおん》で、この悪ふざけは止んだ。

あの時の懐かしい連中は、もうみんな旅立ってしまったのか……私がいちばん若かったんだから。胸が波立ち切なくなる。


ある日、小津監督から呼び出しがあった。私は頭をこごめながら、狭苦しいトンネルをくぐっていた。このへんちきりんなトンネルをくぐったところに、小津安二郎監督の北鎌倉の家はあった。

自宅に呼ばれるとは大変なことだ！　と思ってはいた。

先生は庭に面しただだっ広い座敷の柱に寄りかかって胡坐《あぐら》をかいていた。その隣に同じように胡坐をかいた共同脚本家の野田高梧さんが、値踏みをするように私を見ていた。

「……？」

私はキツネにつままれたような顔をしていたに違いない。

「お前さんのためにこうして、二人でシナリオを書いているんだよ。この話の女の子は、お前さんにしか出来ない」

母君が柔らかい笑みを浮かべながら、お茶にお菓子まで添えて、私の前に置いてくれた。天下の小津安二郎監督のご自宅の、薄っすらと黄ばんだ畳の上に置かれたお茶を飲んでよいものかどうか……私は図々《ずうずう》しくもお茶もお菓子も頂いたような記憶がある。

『早春』以来、私は先生に気に入られているのか、どうなのか、「あの子は、どんなに厭らしい役をやっても、汚れない。何をやってもきれいでいられるんだ」

としみじみ言っていたと誰かが伝えてくれた。

その大監督が私のための役を書いていてくれる！『東京暮色』。私は胸を膨らませて待っていた。

ところが、人生そうは上手くいかない。その時、私は『雪国』の駒子を演じることになっていた。川端康成著『雪国』の駒子はどうしても私がやりたい、と思っていたので、私は、スタッフと共にロケハンまで一緒に行った。初夏だったと思う。

『雪国』の撮影は長くかかった。

ロケ地「湯沢」に雪が降るのを待つ期間、雪が降ったら、湯沢の高半旅館に詰め切りで、暇さえあれば私は、物慣れない三味線を抱え、「勧進帳・大薩摩」を不器用な音を出して弾いた。隣部屋や近所部屋のスタッフは、さぞ迷惑だったことだろう。

雪が身の丈より高く積もった十日町でのロケもあった。ロケ遠征の合間に東宝撮影所のセット撮影！　結局ロケハンから完成までには一年近くかかった。

小津先生は根気よく待ってくれていた。私は気が気ではなかった。

「一九五七年五月一日に、パリのあなたのもとへ行きます」

と、イヴ・シァンピ宛てに電報を打っていたのだった。

「にんじんくらぶ」代表の若槻繁さんから、「『雪国』という作品が封切られるまで、婚約のことは絶対に知れないように」ときつく言われていた。当時の日本の時代風景はそんなものだった。

『雪国』、湯沢の温泉芸者を演じる女優が、海外旅行が自由化もしていないのにフランス人と結婚？　それはマイナス条項として『雪国』の封切りに傷がつく！　そんな風潮に、私は与するものか‼　と思ってはいても、翌年春、日本を去ることは、若槻さんと両親以外には誰にも打ち明けていなかった。

それなのに、ある新聞にすっぱ抜かれた。

パリからの情報だと言ってはいたが、親しかった一人のジャーナリストの当てずっぽうの勘であったと思う。当てずっぽうが火を噴いて大変なことになった。撮影は一両日中止になり、ロケ地の湯沢におおぜいの記者が詰めかけた。しみじみと二百六十年間の鎖国に封じられた島国日本の実情を感じる出来事だった。

けれど、撮影に支障をきたす、私の事情を豊田監督は迷惑がらず「凄い決心をしたんだね。勇気のあることだ」と言ってくれた。

「惠子ちゃん、本当にフランスに行っちゃうんだ……」

月夜の晩、高半旅館の出窓に座った池部良さんが、私を見ずに呟いた。その瞳に月影がうっすらと露をためて光っていた。

『雪国』の撮影は私がパリへ発たなければならない四月末まで続いた。

小津安二郎監督の『東京暮色』と、今井正監督の『夜の鼓』は、「にんじんくらぶ」の仲間、親しかった有馬稲子さんが出演してくれた。

ある雑誌に有馬さん《ネコちゃん》の談話が載っていた。

「小津先生が惠子さんのために書いた役柄だけど、結局は私でよかった、と先生に言っていただいたのよ」

それを読んで私はホッとした。

小津先生が凄く怒っていられるとはいろんなところで聴いていた。

大船のレストラン『ミカサ』の前で小津監督と

　パリから日本に帰った際、小津安二郎監督にお詫びに行った。小津先生は、じっと私を見つめていた。深い憤りを紛らわすように、視線を髪型に移した。
「アタマの上の、団子は何だい、今時パリの流行りものかい？」
　と、面白そうに私の肩を抱いたのだった。
『雪国』の撮影が長くかかったのは仕方がない。どうしてパリ行きを延ばさなかったんだ、という問

わず語りの責めを私は感じた。それは私がいちばんするべきことだった。けれど、

「……五月一日に、パリのあなたのもとへ行きます」

打った電報をひるがえすことは出来なかった。一生の大事を女優の本分を以《も》ってしても、覆すことは自分に許せなかった。

当たり障りのない会話の後、小津先生が言った。

「有馬稲子さんは、素晴らしい女優さんだよ。きれいだし、芝居も上手いし……」

私は深く頷いた。

「けれど、彼女には、お前さんに出来ることが、たった一つ出来なかった」

「……？」

北鎌倉のご自宅で言われたことが思い出された。

「この話の女の子は、お前さんにしか出来ない」

その私にしか出来ないことが何なのか聞いていなかった。

「稲子さんは素晴らしいけれど、自殺は無理な女優さんだった。俺がお前さんのために書いた人物は自分で命を絶つ子だったんだ。それを撮りたかった」

私は、観ていなかった『東京暮色』を観た。

原節子さん、山田五十鈴さんなど錚々たるメンバーの中で、その女の子は暗かった。小津作品にはないほどやるせなく暗い話だった。物語の最後に、彼女が事故で死んだ、とある。

小津安二郎監督は、この子に事故ではなく自殺をさせたかったのだ。その行為で、やりきれない暗さに、鋭い決着をつけたかったのか……。私はすべてを理解した。こんなことを書いてネコちゃんに悪い気がする。

小津安二郎監督はこんなことも言っているし、書いてもいる。

「時代は著しく変わっている。原節子さんは素晴らしい女優さんで、今までも、これからも小津作品にかかせない人物だが、これからは岸惠子というめっぽう放埒《ほうらつ》で棘《とげ》のあることも難なく言える女優が必要」

うろ覚えの記憶を纏めるとこんな具合になる。

けれど、小津先生は、悟ったに違いない。私が「芸ひと筋に生きたい女優」ではないことを……。

『東京暮色』は『早春』の次の作品だった。

以来、小津安二郎監督が六十歳の誕生日を迎えた一九六三年（昭和三十八年）十二月十二日に逝去なさるまで、私が再び小津作品に出演することはなかった。

一本の鉛筆があれば　美空ひばりさん、松山善三さん

拙著『岸惠子自伝』を上梓する時、タイトルが面映《おもは》ゆかった。岩波書店と編集にたずさわった旧友が決めてくださったのだが……。

（岸惠子なんて麗々《れいれい》しく名乗ったって、誰が知るかよ！）と羞恥心を募らせた。けれど、好意的な書評を沢山頂いて、こんどは嬉しくなるという生来のおめでたさでアタマがごちゃごちゃと忙しくなった。

そうしたある日、私は書斎を出て、両親が住んだ築八十年を超えると思う、釘一本も使っていない頑丈だけれど、古びた母屋の茶の間へ行きＴＶの前にだ

らしなく座った。

点けた画面に現れたのは美空ひばりさん。私は『岸惠子自伝』の中でも「美空ひばり讃歌」を謳ったファンの一人。切なさが沁みる声にときおり誰も真似の出来ない、ぞッとするほどの凄みが宿る。声の色合が一言を歌うのに百色《ひゃくいろ》ほどを渡り歩く。その稀有《けう》な声が、歌っていた。

「一本の鉛筆があれば……」

私の知らない歌だった。私は痺れるように聴き入った。

《一本の鉛筆があれば、
私はあなたへの愛を書く。
戦争は嫌だと私は書く》

この詩を書いたのは、私が敬愛した松山善三さん。彼は素晴らしい作家だった。

《一枚のザラ紙があれば、
あなたをかえしてと私は書く。
一本の鉛筆があれば、
八月六日の朝と書く。
一本の鉛筆があれば、
人間のいのちと私は書く》

八月六日。広島のいのちを殺した原子爆弾。それを作ったオッペンハイマー。それを使ったトルーマン米大統領‼　一本の鉛筆と一枚のザラ紙。それは、私の青春だった。

戦争という理不尽が奪った真《ま》っ新《さら》な白い紙。学校の試験用紙はザラ紙という藁半紙《わらばんし》。鉛筆を尖《とが》らせると破けるし、太いBで書くと掌《たなごころ》の下で芯が縒《よ》れて字が滲む。薄っぺらでテカテカ光っていた安っぽくてひ弱な『ザラ紙』。

戦時下、少女だった私に父がくれた県庁御用済みのザラ紙。謄写版で刷った文字を裏返して大事に使ったへんな臭いのする懐かしいザラ紙。HBの鉛筆を尖らせずに削っていそいそと他愛もない物語を書いて喜んでいた。

今の若者は『ザラ紙』なんて知っているだろうか？　目の覚めるほど真っ白いA4紙に二言三言書いただけで、惜しげもなく丸めて捨てる娘や孫に私は悲鳴を上げる。

「もったいない‼」

私は這いつくばって捨てられた紙を拾って皺を伸ばす。

「時代は変わったのよ。今のところ戦争はもうないのよ」

呆れた娘や孫たちの不審な目を避けて私は呟く。

「戦争はいつだって始まる。愚かな人間は　歴史に学ばない。恐ろしい過去は明日始まるかも知れないのよ」

この時から、何年も経たないうちにロシア大帝国を夢見るプーチン氏がウクライナに攻め入った。どんな野望によっても、病院や学校、民間人や子供たちを虐殺する行為は許せない。また狙撃する側にあるロシア兵もかえり撃ちにあって無惨な死を遂げる。

この件については言及を避けた方がよさそうだ。浅学無知な私が何と思おうと世界が為すすべもなく悶絶《もんぜつ》しているのだから。

『一本の鉛筆』の歌を気に入っていたひばりちゃんに思いが飛ぶ。

小さくて華奢《きゃしゃ》な体が歌い出すと、果てしない魅力が拡《ひろ》がる。誰からも好かれた彼女と私は数本の映画に共演したが「仲良し」ではなかった。

『岸惠子自伝』と重複するが、『悲しき小鳩』というサーカス映画で二人が一メートルぐらい離れて高い網に乗っていた時、私は頭にマイクが落ち、転げ落ちて脳震盪《のうしんとう》を起こしてしまった。咄嗟《とっさ》に「おねえさん大丈夫⁉」と駆け寄ってくれたひばりちゃん。それに被さるように大きな声が響いた。

「よかった。うちのお嬢は勘がいいからマイクを避けたのよ」

（ン？　私の真上にあったマイクがそのまま落ちてきたのに勘も何もあるかよ。イヤなおばさん）

薄れる意識の中で私は毒づいた。そのおかあさんマネージャーをひばりちゃんはとても大切にしていた。

別の日、そのおかあさんが支度部屋に呼びつけたプロデューサーに「うちのお嬢」のあれこれを呆れるほどしつこく長時間注文していた。聴き辛い無理難題と文句をひばりちゃんは化粧しながら澄まして聴いていた。

頷きながらも苦虫を噛みつぶしたプロデューサーが帰ると、ひばりちゃんはくるりと母親に向き直った。

「おかあさん、ああいうことは肚《はら》で思って、口には出さないものよ」

穏やかに言った美空ひばりという十五歳の少女に私はびっくりした。


ここで、松山善三という稀有なる人のことに触れたい。

私が『女の園』に出た時、彼はサード助監督だった。物事を見極める眼に長けていた。配役時、私が演じた女学生を、巨匠・木下恵介監督は、私とも仲良しだった小林とし子さんに決めていた。

多分、高村所長に言われて配役替えをした監督は所長の秘蔵っ子のような私を、しかも『君の名は』なんていうメロドラマで世間を騒がせたような女優を、寮母役の高峰三枝子さんの生徒に使うのは、気持ちが悪かったらしい。

その気持ちは撮影当初あらゆることに露骨に現れた。大きな部屋での読み合わせの時、末席に座った私の前の人で監督の視線は途絶えた。私は完全に無視されたのだった。

ある日、衣裳部屋で、

「恵子ちゃん、そのソックス替えてくれない？」

「なぜ？」

「木下監督は赤い色が嫌いなんだ」

ソックスには折り返しに一本赤い線が入っていた。私の我慢が底をついた。

「世の中の赤を全部消したら、ソックスを替える！」

そうとう芯の強い私も、故なき差別や蔑視には堪えられず、その日、セットで倒れた。意識のない私は担架で大船中央病院へ運ばれた。

鬱々とした私は、きれいな花束を持って、爽やかなほほ笑みを浮かべた松山善三さんのお見舞いを受けた。

「岸さん、木下さんのとんでもない勘違いを直せるのはあなただけですよ。僕も口添えしますが、あなた自身が木下さんに手紙を書いたらいいと僕は思う」

松山善三さんの説得には、深いやさしさがあった。

私は撮影中に感じたこと、思うことには触れず、人生観のようなものを書いたように思う。手漉《てす》きの日本紙に筆で書いた。

間もなく木下監督のご自宅に招かれた。監督は私へのとんでもない勘違いには触れず、手漉きの日本紙の話からはじめた。

日本紙をどの店で買ったのか……という話から突然、偏見を持った自分を諫《いさ》めてくれたのは松山善三さんと、長いこと木下組のチーフ・助監督をやっていた小林正樹さんだったと明かされた。その時、既に小林監督の『壁あつき部屋』を撮っていたのだと思う。

木下恵介という人は誠に面白い人だった。ある日、『女の園』で、私がスケートを滑るシーンがあった。家の近くにあるそのスケート場にはよく通っていた。演技指導を聞くならスケート場の真ん中にいる私が木下監督のもとへ駆け寄ればいいのに、監督はそれまで完璧に無視していた私のところまで、不慣れなスケート靴を履いてステンステンステンと転びながら寄って話してくれた。一度ではなく、その日一日中、ステンステンと身体じゅうを打ちながら私の傍に来てくれた。ご自分の勘違いに対するせめてもの償いのつもりだったのか……。

そのきっかけをつくってくれた松山善三さん……。彼は『一本の鉛筆』を書いた詩人であった。木下監督の作品は彼の脚本が多い。自作映画としては『名もなく貧しく美しく』が高名である。

木下作品で常に主役を務めた大女優の高峰秀子さんと結婚したのは、いつのことだったか……、何と素敵なカップルだったことか。

『女の園』の撮影中、過労で倒れた私を優しい笑顔で見舞ってくれた、当時助監督だった松山善三さん。そしてマイクが当たった私に駆け寄ってくれたひばりちゃん。彼らも私も昭和という時代を生きたお仲間。

今、一本の鉛筆とザラ紙があったら私たちは何を書くだろう。

私は書きたい。「ロヒンギャの子供たち」。十年も続く内戦で飢餓に凍え、傭《よう》兵《へい》に徴用されて死んで行くシリアの難民。パリのノートル・ダム寺院の広場で、雪の降る日、貧しいテントを張って断食をして訴えていた、国というものがないクルド人たち。

「私たちはクルドの広島です。サダム・フセインが化学兵器で私たち五千人を一瞬にして殺したのです。この少女は笑いながら殺されたのです！」

傍らに、笑ったまま殺された少女の写真があった（事件は当時、ＴＶで私が放送）。

そして、いつ果てるかも知れないウクライナ侵攻！　この戦争で起きた世界の経済不況、アフリカ難民の飢餓！　この災難を止め得る知恵は世界中を探してもないのだろうか。

昭和の男の身繕い　大野良雄さん

猛暑の中で、所在なくTVを点けたらハイティーンと思えるステキな女性が話していた。薄っすらとした化粧も、話している内容も素晴らしかった。その女性が、「ぼくが……」とハスキーな声で言った時、あ、男なんだと思ってびっくりした。

時代がさま変わりしている。その人物は薄い口紅さえ差していた。

私が学生時代だった頃、校則とまではいかなかったが、厳しいしきたりのようなものがあった。おしゃれなど絶対に許されない雰囲気があった。

私は生まれつきのちぢれっ毛でくるくるとしたカールを、毎朝母が鏝《こて》で伸ばして真っ直ぐにしてくれていた。湿気が多かったり、時間が経ったりするとカールがよみがえってきた。「そのカール天然？」とよく聞かれて鬱陶しかった。それほど身繕いというものに敏感だった。

今は中学生でも化粧をしている。目張りを入れたり、睫毛《まつげ》をカールしたりしてマスカラまでつけている。それがいけないとは思わない。

私が中高生だった頃と今は、十年ひと昔という譬《たと》えに従えば、ひと昔が七つも入っている。時代も、しきたりももの凄く変化していて当然だろう。時代によって、身繕いも変わっていく。

もちろん、化粧をしていない中高生が大半ではあるけれど……。

母が私に顔に付けるクリームをくれたのは高校生も高学年になってからだと

思う。

細長いその瓶は幅二センチくらい、四角っぽい資生堂の乳液で八百円だった。朝は乳液、夜は時おり母のコールドクリームを顔に撫《な》ぜつけたりしていた。レトロな感じの逆三角形のその器は四百円だった。

以来、私はいつも資生堂を使っている。母から私へ、私から娘や孫まで四代にわたって資生堂の愛好者である。八百円だったクリームは今、『クレ・ド・ポー ボーテ』というシリーズで、化粧水から乳液、昼用と夜用、いずれも一万数千円である。器も洒落て美しい。

昭和、平成、令和と長い時の流れを感じる。

結婚当初、パリ在住であった時、フランス製やその他の化粧品を使わざるを得なかった。どれも素晴らしかったが、私の肌は資生堂に馴染み過ぎていて、他の物を付けるとブツブツとした肌荒れが生じた。

既に『岸惠子自伝』の中で詳述したけれど、当時、資生堂の宣伝部長だった大野良雄さんが、パリに住む私が常に資生堂の化粧品を日本から取り寄せているると、何かで知ったように思う。「ぜひともアドバイザーになって欲しい」と言ってくださった。

「アドバイスなんて出来ない」と躊躇《ちゅうちょ》した私に、わざわざパリまで来てくれた電通の友人が、「つまり、CMですよ」と言ってくれた。

私は大好きな資生堂のアドバイザーを引き受けた。社長になった大野さんが、ヨーロッパ全土、特にパリに進出するにあたっては、私がその大役の一部を担うことになって嬉しかった。

パリ7区バルザック通りのエッフェル塔に近いところにあったパリ最古の映画館は風情が素晴らしく、当時、撮影用に貸し出してもいた。そこを会場にして資生堂のお披露目パーティをした。夫イヴ・シァンピを通じて当時の政治家や各界の著名人が来てくれた。

その中のある大臣夫人と親しくなり、その一家との奇想天外な実話物語は『愛のかたち』と題して二〇一七年の秋、文藝春秋から上梓した。「南の島から来た男」という作品と共に二篇の中編小説を収めたものである。二編とも実在人物を小説化した読んでほしい一冊である。

チョット、宣伝っぽいかな……。


映画館好きの大野さんはよく私を食事に誘ってくださり、特にショーケンとの共演『約束』がお気に入りで細部までよく覚えてくださっていた。

その話で盛り上がっていたのは、パリの牡蠣《かき》のシーズンだった。大野さんの隣に助手の安藤善康さんが座り、現地駐在の社員の方もいて私たちは四人でテーブルを囲んでいた。

と、突然、背の高いふらりとした感じの日本男性が、唇の端っこに煙草を咥《くわ》えてやってきた。その男は私の横すれすれに立ちながら、黙ってパスポートのような物を突き出した。顔の前に出されたものは議員手帳のようにも見えた。吃驚した私は、「なんの御用ですか?」と訊いた。相手は黙ったまま、ポケットからペンを出して、私の顔の前で、その手帳を振った。

「サイン?」、男は終始無言で手帳を振り続けた。アタマに来るほど無礼な態度だった。その時、大野さんが静かな声で言った。

「私たちは今、食事中です。あなたのお仲間と同じように」

見ると、店の中央に二十人ぐらいの人たちが、その男の態度を面白そうに眺めていた。みんな議員バッジを付けていた。

「声も出さないあなたが咥えた煙草の灰が、いま、岸恵子さんが食べている牡蠣のお皿に落ちようとしてますよ」

男の咥え煙草の灰は、二センチほど溜まっていて、今にも、私のお皿に落ちようとしていた。男ははっとしたように普通の人間に立ち返った顔になって、あわてて煙草を消した。溜まった灰は私の皿の牡蠣と牡蠣の間に落ちた。それ見たことか、というような嗤いを議員団の人が見せた。「私、見世物じゃないよ！」と叫びたいのを我慢した。

大野さんは何事もなかったかのように、お気に入りの『約束』の続きを話した。凄い人だ、としみじみと感心した。

今と違って（今もそうかも知れない）、政治家や様々なお偉いサンにしてみると、有名俳優なんて面白がって見物する者としか思っていないのか！

普通の人間に返った咥え煙草の男は、大野さんの言葉にも私にも言い訳もせず、挨拶もせず、最後まで声を出さず、そのままふらりと、面白がってヤジを飛ばす仲間の席へ帰っていった。

（それが政治家のすることかよ‼　心の身繕いもないのかよ‼）

私は静かに『約束』の最後のシーンを語る大野良雄さんに感動しながらも、平常心が保てないほど腹を立てていた。


こんなこともあった。

私はその時、今でいう後期高齢者、七十五歳に近かったように思う。

その頃の私には、素敵なボーイフレンド（？）がいた。その人は私より一回りも若かったが、世界中を飛び回り、その一回りを超えるほど元気で実年齢より若く見えた。一緒にいるとごく自然のカップルに見えたに違いない。アンドレ・マルローが親密な女性との関係を、「アミチエ・アムルーズ（恋に似た友情）」と表現したのを真似たい関係だった。

私はアフリカや中東に詳しかったが、電気に関する大会社で重役だった彼の、アメリカやブラジル、インドの体験談は面白かった。インドは暑過ぎて蚊もフラフラと飛び、チクリと血を吸う日本の蚊とは全然違うことなど……。そんな些細《ささい》に至ることや、世界との諸々の違いを、遠慮なく話し合える唯一の友人だった。その友人の名前をS氏としよう。

ある日、お互いに忙しくて一年に一度会えるかどうかという稀《まれ》なひとときがクリスマスだったので、ちょうどブダペストから帰ってきたS氏は私の住む横浜へ寄ってくれた。すてきなクリスマスディナーをお気に入りのレストランでとった後、彼が言った。

「誰もいないカラオケバーがないかな、歌をうたいたい」

私自身は歌をうたえないし、カラオケなんぞ怖気《おぞけ》を震うほど厭だった。けれども、飛行機を乗り継いで疲れ果てていた彼は、歌をうたって凝り固まった神経を解きほぐしたいと言っていたし、一度、何かの会で聴いていた彼の歌声は渋くてステキだった。

強い印象を残したその歌は『群青』だった。私は演歌が我慢できないほど厭だったが、『群青』と『石狩挽歌』だけはとてもいいと思っていた。あれは演歌と言わないのかも知れない。この二曲を聴いただけで、その他の演歌というものを知らなかった。

私は家の近くの「G2」という喫茶店で知り合った、気さくで感じのいい佳子さんというカラオケバーの女性オーナーを思い出した。

「歌をうたうと、疲れが取れる。ただし、人がいっぱいいて、ゼスチャーたっぷりで酔ったようにうたっている人を見ると、疲れが倍増する」と彼。私は電話で誰もいないのを確かめて、彼を誘った。

「いつか聞いた『群青』をうたってね。『石狩挽歌』というのも歌詞が素晴らしいわ。〝あれからニシンはどこへ行ったやら……オンボロボーロロー〟、あれ、なかにし礼さんの傑作だと思う」

私たちはタクシーを呼んでウキウキと佳子さんの店に行った。だーれもいなかった。「クリスマスですもの。家で家族といるわよね」と佳子さんが水割りを持って来てくれた。

その時、突然、ドアを開けて一人の男が入って来た。

「うわっ！　岸惠子さん！　日参した甲斐があった。佳子さんから聞いていたけどまさかクリスマスに出会えるとは！」

と叫びながら私たちのテーブルの前に立ちはだかった。「僕、第一高女であなたの後輩ですよ」と声高に言った。

（後輩？　嘘でしょう！）と思ったが、私が二年の時に、学区制が変わって、男女共学になり、男子生徒が入って、校名も、神奈川県立横浜第一女子高等学校から平沼高校に変わった。その時に入学したとしても、その人物は私より年《とし》嵩《かさ》に見える酔っ払いじいさんだった。

その男は私たちのテーブルに寄りかかるようにして大きな声で私に向かって、身体をくねくねさせながら、演歌をうたい出した。佳子さんが飛んで来てその男をカウンターに連れ戻してくれた。

が、男はふらふらッと再び私たちのテーブルの前に来て、演歌の続きをうたった。かなり上手かったが態度としては無礼千万だった。私は友人を見た。大野良雄さんのように、静かにその状態を収めてほしかった。

佳子さんが慌てて男を引き離そうと駆け寄ってくれたのと、友人がポケットから財布を出して、パタンと音をさせて、まだ飲む暇さえなかった水割りのコップの前に一万円札を何枚か叩きつけて立ち上がり、さっとドアから消えたのが同時だった。

私もひどく慌てて、外で空タクシーを待っている彼に追いついた。

「あの酔っ払いと、僕とどっちが大事なんだ……」と彼。

「あなたが追っ払ってくれると思ったのよ！」

「僕がすることじゃないでしょう」

ちょうど来たタクシーに乗ってバタンとドアを閉め、私には一瞥《いちべつ》もくれず走り去った。

せっかくのクリスマスだったのにＳ氏はさぞ疲れたことだろう。私も十日ほど眠れないくらい不愉快だった。

私は〝スター〟という身分の自分を考えてみた。

「僕のすることじゃないでしょう」と立ち去ったＳ氏の言葉に傷ついた自分を分析してみた。

Ｓ氏は疲れているにも拘《かかわ》らず横浜へ立ち寄ってくれたのだ。佳子さんのカラオケバーに誘ったのは私……そこで思いもよらず〝スター〟という私に絡みついてきた無礼な人物を、私はあきれ果てるだけで何もしなかった。断固としてうたう頑丈な存在に、何が出来ただろう……。

けれど、それをS氏に頼るのは彼から見れば「自分の成り立ちを考えて、それがもたらす結果を他人に任せるな」ということだったのかも知れないと思った。しみじみと、S氏は昭和の男なのだ、と思った。

私の印象に残った三つ目の事柄は、私の生活とは無関係な小さい出来事かも知れない。

今から、何年も前のこと。その年の映画やTV作品で優れたものを表彰する「東京ドラマアウォード」という催しがあった。各界から優れた選考委員が数名集まって、私はたまたまその会の審査委員長のような役目を仰せつかっていた。その会は数年間続いていた。

二〇一〇年、単発ドラマ部門グランプリをとったのは、脚本・演出の大天才・三谷幸喜さんの『わが家の歴史』、そして翌年の主演男優賞は『フリーター、家を買う。』の二宮和也さんであったと思う。

この会は当時かなり評判になっていて、最終日の授賞式に、ある大臣が祝辞を述べにいらした。多分、自民党ではなく、その時政権を握っていた民主党の方だったと思う。その重鎮と思われる大臣が、ステージに上がって、ごく短い祝辞を述べてくれた。姿も声も立派だったが、あっけないほど短かった。

ステージを降りた彼は私に向かって言ったのだった。

「政治家の演説はいつも書いたものを読んでいるが、ご覧のとおり僕は書いたものを読んだりしないで挨拶をしたでしょ？」

（バッカなことを言うなッ‼）と私は心中叫んだ。

たったの二分にもみたない「エンゼツ」で紙を読まないことを、自慢するとは！　ここにいる演劇人はその何十倍の台詞を、描かれた人物になりきって語る仕事をしているんだよ、と胸中で啖呵を切った。その大臣は表舞台から退いているが、今でも覚えている珍事だった。

今現在、これを書いている令和五年七月末に、たまたま点けたＴＶで、堺雅人という俳優さんが、奇《く》しくも台詞と演技のことを話していた。途中から観たので、何を目的にした番組かは分からなかったが、彼は、よどみなく快調な早口で、びっくりするほどの長台詞をしゃべっていた。それは見事としか言いようがなかった。

「一六八五字、十ページ分の台詞を一気にしゃべったんですよ。しかも作中の人物になりきって……」

こういう人たちの前で、あの台詞はないよなァ、と今は昔の政治家のことを思い出した。

政治家という人たちは、なぜ原稿を見ながら話すのだろう、と不思議に思った。そうではない政治家も沢山いるが。政府を代表してお喋りをする役目、前内閣官房長官が簡単な短い言葉を必ずメモを読みながら話すこと。小学生が教科書を読んでいるような棒読みで、意味も内容も関係なく目を伏せて読み上げる。TVの前の観客、すなわち国民は彼の顔を正面からほとんど見ることが出来ない。

世界が不景気や穀物不足で混沌としているなかでも、ウクライナのゼレンスキー大統領は、いつもカメラ目線で自説を滔々と話す。歩きながら、あるいは群衆の中で、時には外国に出向いてその閣僚と、原稿も付き添ってくれる役人もなく、いつも一人で熱を込めて語っている。私はあの姿にあっぱれなものを感じてしまう。

日本は諸外国に好感を持たれている。不幸な事件で今は亡き安倍晋三元総理の頻繁な外遊が功を奏したのかも知れない。

けれど、その時も今も、世界から日本国が尊敬されているとは思えない。怖れられてもいないと思う。我が日本が、愛され、少々の怖れを感じさせる国にはならないのだろうか……。

これは浅学無知な私の個人的な感想である。

力道山の笑顔

一九六三年の晩夏か初秋であったか……もっと前であったのか定かではない。私はその頃人気のあった東京は赤坂のナイトクラブへジュリエット・グレコほか三、四名のフランス映画人を招待していた。ジュリエット・グレコがそのナイトクラブでうたったのか、何で来日したのかさえ憶えがない。日仏映画の話題で賑わっている時、ボーイさんが短いメッセージを私に渡してくれた。

〈楽しそうですね。あなたがナイトクラブにご来場とは珍しいと思って驚いて

います　力道山）

とサインがあった。

フロアに目を向けると、きれいな女性と力道山が踊っていた。思わず手を上げて挨拶した私に、いい笑顔で手を振ってくれた。

それからしばらくして、彼が誰かと言い争って腹部を刺された。傷の手術は上首尾だったのに、禁止されていたお酒か何かを飲んで、腹膜炎を起こして一九六三年十二月十五日に死去した。と、当時のマスコミは大騒ぎをした。

私が力道山のことを話したら、出版社が映画のシノプシスほどもある分厚い資料を送ってくれた。そこには激昂《げっこう》しやすい粗暴な性格とか、飲食店での暴力沙汰は日常茶飯事であるとか……。

「世間」という雑な見方に驚いたし反感を持った。私自身は力道山が乱暴をしているところも、お酒を飲んでいるところも見たことがない。いつもやさしく、いい笑顔の力道山しか知らなかった。

『岸惠子自伝』に詳述したが、パリにフランス語の勉強に行っていた私は、日仏合作映画『長崎の台風（邦題＝忘れえぬ慕情）』のフランス側プロデューサーから破格のギャラの一部を貰って買い物三昧に明け暮れた。

日本へ帰る時、エールフランスのカウンターで荷物の多さに法外な追加料金を課されたが、私は既に一文なし。私の隣で物慣れた様子でチェックインしている大きな男性を見て、詮無い抗議をした。

「隣の男性の体重は、私の荷物を合わせても三倍はあります！」

「体重と荷物は違います！」と言われ、結局は日本で支払うことになった。その隣人が、有名な力道山とは知らなかった。

「あなたが飛行場で抗議なさった時に、隣にいたデッカい男は私でした。力道山と申します」

ハワイから手紙を貰ったのは、その後間もなくだった。手紙の最後に、「今の自分よりも、土俵の上で大関を夢見ていた自分の方が好きです」とあった。

力道山はその後、世間を沸かせた巨大なプロレスラーとの試合にハイヤーまで回して招待してくれた。その巨大な外国人選手を有名な空手チョップとやらで打ち負かした時、会場に湧いた怒濤《どとう》のような歓喜に私は気分がついていかなかった。戦争に負けて景気が悪く、しょげていた日本が、外国人選手を気持ちのよい空手チョップでカッコよく次々にやっつけることに沸くのは分かったが、会場の盛り上がりとは裏腹に私は気分が悪くなった。自分の車で来なかったことを悔いた。

結局は、試合が終わり、力道山自身が素晴らしい車を運転して横浜の実家まで送ってくれた。私は「送っていただくので、おもてなしを用意して」と家に電話をかけた。

車が着くと力道山見たさに集まった黒山の人だかりに囲まれた。当時のお手伝いさんが、「力さんが来る！」と触れ回ったらしい。彼女は空手チョップの大ファンだったのである。「力さーん！」と群がる人垣で、家に入ってお茶を飲んでもらうことも出来なかった。

あの道すがら、力道山は慣れた手つきで運転しながら訊いてくれた。

「映画やお芝居の他に見たいものは何ですか？」

「花火！」と私は叫んだ。真っ暗な空に咲く華やかな花火。その瞬時の切なさに子供の頃から魅せられていた。

次の年、隅田川花火大会に、力道山ご自身は来なかったけれど、私と有馬稲子さん、久我美子さんとでつくった「にんじんくらぶ」の三人と事務をしてくれている全員を招待してくれた。

私はプロレスはもちろんのこと、相撲も見たことはなかった。

力道山という著名人が、私という空手チョップに気分を悪くしたり、相撲にも興味を持たない人間になぜ親切にしてくれるのか不思議だった。私の無関心さに興味を持ってくれたのかも知れない。

ご自分は参加せずに、「にんじんくらぶ」全員を招待してくれたことに、くらぶの代表で、数々の名作をプロデュースした若槻繁氏が感動して、『力道山　男の魂』という映画を製作し、私も出演した。暑い日にそのロケが横浜近辺であり、力道山は汗びっしょりの顔ですまなそうに言った。

「今夜これから、東京で人と会う約束があるんです。家に帰っている暇はないので、恵子さんの家のシャワーを使わせてもらえませんか？」

私の母屋のお風呂はその頃、五右衛門風呂だった。父が建ててくれた私の住《すみ》処《か》である離れの風呂場は二階にある。

空手チョップの大ファンだったお手伝さんが大喜びをしながらも、

「あの階段、華奢過ぎて、力さんが上ったら落っこちるんじゃないかしら……」

離れの階段は、当時日本一と言われた建築家が設計した軽やかな造りで、階段は一方が壁に打ち付けられ、もう片方は鉄の細い棒で支えられているだけだった。そこを軽々と上った力道山が、さっぱりとシャワーを浴び、着替えもして帰った時、門の前にはまた黒山の人だかりが出来ていた。

力道山が私の家に入ってくれたのはこの時一度だけだった。

ある時、横浜にある行きつけの洋装店『信濃屋』から電話があった。

「ご本人には内緒で仕上げてください、とのことでしたけれど……こんなに高いものを仮縫いなしで仕上げることは出来ませんので」

「それ、なあに?」と私。

「ミンクのコートです。注文なさったのは……」

「まさか! 力道山?」

「その通りです。極秘にと言われたけれど、仮縫いなしでは無理です」

私は仮縫いに行った。立派過ぎるミンクのコートだった。

「どうしよう……」と戸惑っている私に、このことを知った父が珍しく言い張った。そんな高いプレゼントは絶対に受け取ってはいけない。

「でも無下に断ったら、信濃屋も困るだろうし、力道山も傷つくと思うのよ」

私は困り果てた。そして思いついた。

エールフランスのカウンターで、買ったものを並べて交渉している時、部品を全部揃えたカメラ、ライカがあった。それを見ていたのか、「僕もライカを買えばよかったと思いましたよ」と力道山が言ったのを思い出したのだった。日本にはその頃ライカは売っていなかったか、手にするのが困難だったのかも知れない。

ミンクのコートが届けられた時、私は力道山に黙ってライカを贈った。

力道山が不合な死に倒れたあと、どのくらいが経っていたのだろう。「親父の遺品を調べていたら、あなたから贈られたライカが出てきました」という丁寧なお便りをいただいた。確か次男の百田光雄さんだったと思う。彼は律儀にその後も年賀状を送ってくれる。

ライカを大事に使っていてくれたんだ、と嬉しかった。

私が知っている力道山は、暴力とは無縁の、いい笑顔が弾《はじ》ける素敵な男性だった。

ノーベル賞授賞式での雄姿　川端康成さん

一九六八年の冬たけなわのこの日、スウェーデンの首都ストックホルムは雪に覆われ、キラキラ凍えて美しかった。飛行機のタラップを降りる私に日本の報道カメラが回った。

「スポンサーはどこですか?」

(えっ!)。俳優という人間は、スポンサーがなければ旅行もできない生き物と思っているらしい。

(飛行機の切符?　自分で買ったよ!)。咳呵は胸で呟いた。

「恵子さん、授賞式に来てくれますか?」

川端康成先生からパリへ電話を頂いたのは二週間ほど前。日本の作家がノーベル文学賞を受賞するのは初めてのことだった。満席ではあるけれど、厳かなしじまが満ちる会場で、男性はスモーキング、女性はローブ・デコルテ。私もこの日のために夫がプレゼントしてくれたオートクチュールのドレスを着ていた。式場に関係者以外の日本人はたぶん私ひとりだったと思う。胸がドキドキしていた。川端先生はさぞ緊張なさっているだろうと、余計な慮りのドキドキだった。アナウンスがあって壇上に現れた川端康成先生は紋付袴《はかま》だった。一幅の浮世絵さながらに美しかった。日本男児ここにあり、と高鳴る胸を鎮めた私が驚いたのは先生のあまりにも何気ない様子だった。

にこやかに賞を受け取る姿に、私はパリのシャンピ家での昼食を思い出していた。

それは日本を出奔した私が、パリという未知の街に着いた翌日だった。偶然に大使館でお会いして、私の結婚式の仲人を引き受けていただき、そのままシァンピ家に来てくださった。『岸惠子自伝』に既述したので重複になるが、昼時だった。前菜は、シァンピ家のボーイ長が銀のプレートから、優雅に取り分けた見事なホワイトアスパラガス。私にとってもパリでの初めての昼食だった。ナイフを使ってはいけないものが三つあるとは知っていた。サラダ菜、スパゲッティ、アスパラガス。じゃ、どうやって食べるの？

川端先生はこともなげに細い指でアスパラガスを摑み、ベシャメルソースに浸けてパクリと食べた。素敵だった。それを楽しそうに見ていたイヴ・シァンピと川端先生は長い親交を続けた。

世界の作家が夢見るノーベル文学賞を、丁重に受け取り、ゆったりと袴の裾を捌《さば》いて歩く川端先生は、さながら下駄履きで近所に煙草を買いに行くように、

パリから日本へ一時帰国した際のウェルカムパーティで（中央が川端氏）

自然でさりげなかった。その姿が、いとも気楽に手づかみでアスパラをパクリとした先生とかさなった。私はいたく感動してしまった。

授賞式の後、ホテルのスイートらしき広間で、川端先生はみんなに自らおうすを点《た》ててくださった。美味しかった。

「この国の王様はお茶好きで、スウェーデンの水は特に美味しいのですよ」

と言った作家の家族だけが集ま

ったと思うお茶会だった。その数人の輪のなかで秀子夫人がすっと立ち上がった。

「恵子さん、家族と思って我慢してくださいね。帯が苦しくて……」と言いざま、くるくると帯を解いた。身体から帯を回し解いたのではなく、いかにも楽しそうにくるくると体を回したのだった。立派な帯は夫人の足元にとぐろを巻いて落ちた。下帯だけになった秀子夫人はぴょーんと嵩の高いとぐろを飛び跳ねて越えた。私は吃驚した。

「邪魔だわね、帯！」と笑いながらとぐろ帯を拾い上げ、居間であろう次室へポーンと放り投げた。

（あ、『雪国』の駒子だ！）

長年の謎が解けたと思った。川端先生はそれを微笑みながら見つめていらした。

私は海外旅行が自由化していない祖国を出奔した時、『雪国』を演じることで、日本で過ごした二十四年の過去と決別した。けれど、私の演じる駒子を豊田四郎監督は気に入らなかった。

「芸者になっていない！」「やっと芸者らしくなったが、新橋の芸者だ！」。初日からのダメ出しに私はやつれ果てていた。島村を演じる池部良さんの機転で、私は少々やけっぱちで大雑把な駒子を演じてみた。

「いいじゃないのお駒さん！」

豊田監督が初めて手を叩いてOKを出してくれた。

天衣無縫な秀子夫人を愛しく眺める先生を見て、豊田監督は正しかったと思った。私はノーベル賞式典のストックホルムで『雪国』の駒子を理解した。

終わりに

小津安二郎監督没後六十年の記念番組として『東京物語』が放送された。世界が絶賛したこの映画を私はある緊張をもって見ることにした。

笠智衆さんと東山千栄子さん演ずる高齢夫婦のごくごく普通の日常生活が二人の名演技者によって見事にくり広げられる。その日常はあまりにも退屈で三、四十分観たら、TVを切ってしまった。その乱暴な所作に私の真情が溢れていてゾッとした。私自身の日常にあまりにも似ているから、堪らなくやりきれなくなったに違いない……。

今流行りの「おひとりさま」にしても、夫婦二人が揃っている場合でも、年をとることは、やりきれなく切ない。

人生百年などという、とんでもない流行り言葉を日本は世界中で一番実践しているようである。心身ともに特別に恵まれている人でない限り、あるいは助けてくれる家族なり友人でもいない限り、今の人間にたった独りで百歳まで生き続けるのは無理だと私は思っている。日常的に運動をしている人は違うかもしれないけれど……。

切ったTVをすぐに点け直した私は、高齢夫婦の東京行きをあまりにも切なく観続けた。この夫妻には四、五人の子供がいた。その連れ合い、無関心な孫たち……親にいつまでも関わってはいられない状況が、小津安二郎監督の鮮やかな演出と妙技で、心を抉《えぐ》るほど伝わってきた。子供たちや孫に、どんな状況でもやさしいほほ笑みで接してきたおばあちゃんはその疲れか、尾道へ帰ると、寝付いてしまって目覚めないまま、六十八歳で旅立ってしまう。独り座り続ける笠智衆演ずる老父の呟きに胸がうたれた。窓辺で「お寂しくなりましたね」と言う近所の人が去る間際にぼそっと独り呟く。

「一人になると、一日が長く感じられるようになりますな……」

老いの足取りについて語りたい。

私は今現在、九十一歳四ヵ月半。辛うじて生き永らえている。辛うじるほんの三年ほど前、岩波書店から『岸惠子自伝』を上梓した。矍鑠《かくしゃく》としていたように思う……？

私には菅野スミ子さんという貴重な助っ人がいる。きれい好きで、頭がよく、書類などもキチンと整理してくれる。チョット大雑把なところがあるが、豪快な性格が私を助けてくれている。この人の母君が逝去されたことで、昨年五月、実家へ帰らなければならないと告げられてから、私の老いは急ピッチで早足になった。

同じ日、長年の大事な旧友が、難病の宣告を受けた。

翌日、午前五時という早朝に三週間ばかり来日していた二人の孫が大学の卒業試験と入社試験でパリに帰った。もう会えないかも知れないと思った。

門の外まで送り出した私はタクシーが消えると、よろよろと二階の自室へ入りバタンと転倒した。みぞおちを思い切り打って、左右両側の肋骨を二本ずつ骨折した。激痛が走り、起き上がるのに二十分以上はかかった。

この日、私の心の芯がバラバラに飛び散った！

私の家族は地球の向こう側に住んでいる。たった一人の娘と、彼女の二児。

つまり、手をちぎれるほど振ってパリへと帰っていった愛する孫二人。親しくしている母かたの従妹が日本に二人いるが、彼女たちもそれぞれの問題があり、私より若いが八十歳に近い……。

両脇の骨折が長いことかかって治癒した折、私は一万歩の散歩を始めようと決心した。

本編に書いた通り、娘のたっての願いで私は八十二歳という若さ（？）で愛車を放棄した。車を運転して山下公園まで行って、外人墓地のある当時は土の階段を二百段、一気に駆け登っていた。今、同じようなことを家の近くでやろうと思ったのだった。

私の住まいは白楽の駅から坂を登ったてっぺんにある。私が山下公園に見立てたのはかなり遠い篠原公園である。そこに行き着くまでに二つの公園がある。そこまでは平坦な道。

しかし表通りは狭いので、車のすれ違いや排気ガスで、そのたびに私は辺りの家の塀にペチャンコになって張り付かなければならない。幸い、拙宅から二軒ばかりのところを左折し、十メートルほど行くと、表通りと並行した静かな裏道がある。

私はこの裏道が好きだった。きれいに植えられた生け垣などを愛《め》でながら私は大股早足で歩く。

ここでチョット寄り道。

ある日、その私めがけて家から飛び出してきた女性がいた。きれいな人だった。道を塞がれてびっくりした。

「私、七十二歳です。去年主人を亡くしてからすっかり落ち込んで居間から外ばかり眺めていたんです。そしたら毎日のように、もう若くはないけれど、スタイルが良くて着ているものも洒落ていて、早足で散歩するあなたを見ていたんです」

私は困った。「お家、この辺なんですか?」と訊いてくる。

「そこを左に曲がった家です」

「あら! あの家は岸恵子さんのお宅ですよ! じゃ、あなた岸恵子さんとどういう関係の方なんですか?」

きれいな女性は信じられない、という顔をした。

「一緒に住んでいらっしゃるの? お友達ですか?」

「お友達」という問いかけに困り果てて言った。

「私、本人です」

私は帽子を目深にかぶって大きなサングラスとマスクをしていた。

「わっ!!」と言って女性は私にしがみついた。私は結構辛抱強いけれど、身体に触られるのがイヤだった。

その翌日から、私の散歩道はコの字を描くように変わった。つまり、彼女の家の少し前から表通りに出て、行き過ぎたところで裏道へ戻る。美しい未亡人には申し訳ないと思ったけれど、身体を撫でられるのも、話しかけられるのも厭なのだから仕方がない。私は私のために生きているのだから……。

横道から戻すと、山の上の家から二つの下り坂を越えて、篠原公園までは早足でも二十五分ぐらい。その公園を二廻りして一万歩。それが面倒になってサボるようになった。サボりは駄目。

正月元日、コの字散歩を再開した。

その日は原稿を書きながら年越しをして疲れていた。最初の公園にやっとたどり着いた。驚いたことに三十分かかった。この公園は、下り坂で、道は草に覆われて滑りやすい。私はへなへなと土埃だらけの捨て置かれた石に座った。

滑りやすい坂道を無事下りたとしても最後に二十二段の急な階段がある。今日はここまでと思った。

サボりは恐ろしい。私は驚くほど体重が減っていた。

ちなみに、私の身長や体重のことを書いてみたい。

中学だか高校の時には身長が一六一センチか一六二センチであったように思う。パリへ行ったのは二十四歳。それから間もないある日、身長が一六三センチに伸びていた。

それまでの生活は、眠る間もない掛け持ち撮影などで、私は常に眠気に襲われていた。ある撮影セットから、次のセットへ移る時、助監督さんに手を引かれ眠りながら歩いた。照明待ちのわずかな時間でも椅子に座ったまま熟睡した。

パリのシァンピ家では、生活様式がガラリと変わって、私は遠来のオヒメサマのように大事にされ過ぎた。

イヴ・シァンピ邸には、ル・コルドン・ブルー料理学校を首席で卒業したマダム・ラプロンシュという料理人兼ガヴァナーがいて、すべてをやっていた。その上、お手伝いさんや秘書までいる！　私にできることは活け花ぐらいしかない。そうした生活の中で、私は極端な不眠症になった。

医師でもある夫が心配して、酷い不眠時にごく軽い睡眠剤を四分の一錠くれた。離婚した後も、イヴ・シァンピは気にかけて弱い睡眠剤を与えてくれていた。

彼は、私が日本で市川崑監督の『細雪』を撮影中に、朝、紅茶を所望して、再婚したC女がそれを持ってきた時には既に旅立ってしまっていたとか。その前日、次回作のクランクインを記念して全スタッフ五、六十名で深夜まで祝っていたのに……。不思議に思った。

彼が逝去してから、私は銘柄もよく解らないまま、今でも睡眠剤と精神安定剤を四十年以上も常用している。けいゆう病院の藤井芳明院長と近くのさかきばらクリニックの榊原映枝先生のお陰で、月に一度、医師と看護師さんに往診に来ていただいている。

註釈が長くなったが、元日の散歩に戻ると、鬱蒼とした公園から家にたどり着く前に私は隣家の美しく手入れされた生け垣にバッサリと転倒してしまった。身体を起こすためにつかまる太い木がない。私はバタバタとみっともなく足掻いた。その最悪な状態の私を通りがかりの男性が助け起こしてくれた。「ありがとうございました」と、私は二度も最敬礼をした。

それからは、一人での散歩は怖くてしなくなった。

昨年の五月、ソルボンヌ大学教授で、シネマテーク・フランセーズにも関係のある、パスカル＝アレックス・ヴァンサンが『岸惠子ドキュメンタリー』を撮りに娘デルフィーヌを連れて来日した。カメラマンはフランス人だった。二日間にわたる私宅での撮影は、本格的でぐったりと疲れた。

これを企画したのはパスカルだが、制作会社は女性二人でやりくりしているとかで、もちろんギャラもないし、娘の飛行機代も私持ちだった。パリを去って二十五年、日常的に使う必要のないフランス語を私が忘れているかも知れないと、在日フランス大使館の文化部にいた田村道さんに娘が助っ人を頼んだ。

このドキュメンタリーはカンヌ映画祭と同格の『リヨン・ドキュメンタリー大会』で大評判をとり、パリにある『メゾン・デュ・ジャポン』でも大盛況で、ここでの舞台挨拶を演出家のパスカルと、娘デルフィーヌが果たしたということである。

パスカルが先日、日本を見たいという若くて美しい母親を連れて、問題の『岸惠子ドキュメンタリー』のＤＶＤを持って来てくれた。

日本映画の専門家であるパスカルの『ＯＺＵ』という小津安二郎のほとんどすべての名作の説明が付いた立派な写真集も頂いた。

『岸惠子ドキュメンタリー』は、デルフィーヌが作曲した音楽が素敵だったが、女優としての私がないことが不審で、夫イヴ・シァンピが撮った若い時の私と、それから五十年も経った今、十キロも体重が激減し、やつれ果てた私がインタビューに応じていることが不愉快だった。

「ママン！　そこがいいのよ。年老いたママンの語りが若い時以上にガッツがあって素敵なのよ！　解らないかな」と言われた。

『おとうと』『雪国』『細雪』などの演技者としての私は完璧に無視されているようで、娘の幼稚園から親友だった女性たちと評論家たちの岸惠子絶賛を聴いていても、私は嬉しくはなかった。二人の孫も私を褒めちぎってくれている。

「出演している映画のワンシーンを編集したら、映画の制作会社に莫大な使用料を払わなくてはならないの。フランスの小さな女性二人の会社には財力がないの。でもいいものを作っているのよ。女優としての演技の紹介はなくても、これは、ママンという一人の人間のドキュメンタリーなのよ」

そうか……と思った。

それにしても、娘デルフィーヌの最後のモノローグには胸を抉られた。

「……私はいつも一人だった。幼い時も今も。子供ってどんなに大事にされても、甘やかされても、両親と一緒にいたいのよ。ママンは、いつも日本やアメリカに行って仕事で忙しかった。離婚後はパパがすごく大事にしてくれたけれど、彼も仕事でいなかった。私にはパリに親戚という人が一人もいなかった。一人っ子の私はちいさい時から独りで、さびしかった……」

娘デルフィーヌのなにげなく言った最後のナレーションに、私の胸には取り返しのつかない悔恨がよぎった。

娘は幸せな結婚をして、二人の男の子も授かった。ヴァイオリニストとしてオーストラリアでは有名だった夫を、世界的に押し上げたのは娘だった。彼女は自分が前に出るよりは、他者の才能を発展させるプロデューサー的能力に満ちていた。

「自分を今の自分にしたのはデルフィーヌだ」と言い続けているその夫が、映画音楽で幾つもの賞を獲得して、騒がれる有名人となってからは次第に変わっていった。家に帰らず、女道楽に耽ってしまった。

「私……また一人になっちゃった」と呟く娘と、幸い二人の孫が家を出ずに一緒に暮らしてくれている。このクリスマスには、パリらしく飾りつけられたツリーと娘たちが作った料理の写真を送ってくれた。幸せな気分になれた。

私は慌て者なのか、うっかり性なのか、家の中でもよく転ぶ。朝方まで原稿を書いて疲れ果て、お風呂に入ってすってんころりん。背骨の骨折という厄介なものを背負いこんで、今現在、痛くてヒーヒー！

外での散歩は止めたが、庭も敷石があるので怖い。所詮TVを観ることが多くなった。情報番組はよく観る。人生の大半をパリという異国で暮らした私には『英雄たちの選択』がありがたい。登場人物が多く、子供時代から幾度も名前が変わったりして、ゴチャゴチャと解りづらいこともあるが、磯田道史さんのまとめが素晴らしい。司会役を務めているNHKアナウンサーの杉浦友紀さんも頭が良くて感じがいい。人格的にも頭が下がるタモリさんの『ブラタモリ』もよく観る。

ニュース番組では真っ暗な気分が身体中に蔓延《はびこ》る。

ウクライナはどうなる？　イスラエルのネタニヤフ首相の「ガザ大量虐殺」は？　元日に起こった能登半島地震！　羽田空港での日航機と海上保安庁機の

衝突事故！　胸が潰れそうに痛い‼

私は映画やドラマなどはあまり観ないが、少し前に放送された『柘榴坂の仇討』は見ごたえがあった。

先日は『下剋上球児』という連ドラを観て、ほとほと感心した。主役を務めた鈴木亮平さんは、日本が誇る男性俳優の一人だと思っているが、その他野球部員の一人一人までが素晴らしかった。シナリオも演出も一級品だった。

何年か前に西郷隆盛役で二十キロ以上肥ったという鈴木亮平さんが、別人のようにほっそりとした身体で、秘境と思われる山の中で金毛の猿を追うリポートをした時の感想を聴いて、私は生まれて初めて、いわゆる現代の大スターに感想文を送った。

ご本人は、五十歳以上も年上の私をご存じないだろうし、読まれなかったかも知れない。私は多分、スターであることに心満たされずアフリカのゴレ島に行った時の自分に似通った人がいる！　と思って感動したのだと思う。

ゴレ島はラリーで有名なセネガルの首都ダカールから小舟で二十分のところにある小島。ここの負の遺産、「奴隷の家」を観た時の私自身の、「映画スター」だけに収まってはいられない、と感じた時の自分と重なる部分があったのだと思う。


ゴチャゴチャといろんなことを書いて、読みにくいあとがきになったことをお許しいただきたい。

私は、近所の整形外科医に、激痛は三週間、完治には三か月かかると言われた骨折で身体中が痛み、不自由だけれども、今日は二か月目。

本編に書いたシジミちゃんこと、ハワイに引退していた樋口啓子さんと、長いこと助手をやってくれていた西村真紀さんとの再会が来月、三月末には娘デルフィーヌの来日を待つ楽しみな日々を送っている。

ただ、日本語の読み書きが出来ない娘と、相続のあれこれをしなければならないことは憂鬱だけれど。

その娘から電話があった。

「ママン、素敵な報せ。『岸惠子ドキュメンタリー』の私の作った曲がシネマテーク・フランセーズから優秀賞を貰ったの。で、近く、カナル・プリュスに出ることになったの！」

カナル・プリュスとは、私が特別な視聴料を払ってずっと観ていたフランスのテレビ局なのだ。娘もやっと、シァンピ家の血筋を引いて作曲ひと筋になってくれたのかな……めでたし、めでたし。

どこまでもオメデたい私は、ここでこのエッセイを閉じる。

お読みくださった方々に感謝!!

令和六年一月十一日現在、91歳5か月の岸惠子

【初出】

高齢者の自覚　『図書』二〇二二年五月号

巴里で読んだ『竜馬がゆく』　父と司馬遼太郎さん　『遼』第53号二〇一四年十月二十日号

ノーベル賞授賞式での雄姿　川端康成さん　『文藝春秋』二〇二二年一月号

他十五篇は書き下ろしです。

JASRAC出　2401305-405

装幀／三村 淳
カバー・表紙写真／金澤正人、資生堂クリエイティブ㈱（二〇二二年六月撮影）
カバー絵／デルフィーヌ・マイコ・シァンピ

〈著者紹介〉
岸 惠子　女優・作家。横浜市出身。『君の名は』、『亡命記』（東南アジア映画祭主演女優賞）、『おとうと』（ブルーリボン賞主演女優賞）、『怪談』、『細雪』、『かあちゃん』（日本アカデミー賞最優秀主演女優賞）など数多くの名作に出演。24歳の時、結婚のため渡仏。四十数年のパリ暮らしの後、現在はベースを日本に移しながら、フランスと日本を往復して活動の場を広げている。海外での豊富な経験を生かして作家、ジャーナリストとしても活躍。1983年『巴里の空はあかね雲』で日本文芸大賞エッセイ賞、94年『ベラルーシの林檎』で日本エッセイスト・クラブ賞、2017年菊池寛賞を受賞。11年フランス共和国政府より芸術文化勲章コマンドールを受勲。13年に刊行された『わりなき恋』は28万部を超えるベストセラーに。著書に『風が見ていた』『私のパリ 私のフランス』『愛のかたち』『孤独という道づれ』『岸惠子自伝』などがある。

91歳5か月
いま想うあの人 あのこと
2024年5月1日　第1刷発行
2024年9月25日　第5刷発行

GENTOSHA

著　者　岸 惠子
発行人　見城 徹
編集人　森下康樹

発行所　株式会社 幻冬舎
〒151-0051 東京都渋谷区千駄ヶ谷4-9-7
電話：03(5411)6211(編集)
03(5411)6222(営業)
公式HP：https://www.gentosha.co.jp/

印刷・製本所　中央精版印刷株式会社

ISBN978-4-344-04269-8 C0095